리더십 특강을 위한 32가지 메시지

사통팔달 리더십

사통팔달 리더십

귀(耳)는 배려이다	관계의 출발은 자기존중	모소대나무 이야기	북세통
눈(目)은 마음이다	타인과의 관계에서 나를 찾다	문제의 싹은 미리 잘라라	책 읽는 뇌의 경고
입(口)은 품격이다	함께해 효 사랑해 효	내 인생의 결정적인 선택	인생노트 愛 빠지다
코(鼻)는 호감이다	흉내 내며 사는 사람들	실행이 존재다	내 인생에 가을이 오면

❶ 스피치 리더십 · **❸ 관계 리더십** · **❺ 셀프 리더십** · **❼ 인문 리더십**

1. 말은 곧
그 사람이다 ↑❶ ↓❷

2. 관계 있는
사람과
마음을 잇다 ↑❸ ↓❹

3. 주인과
머슴의 차이 ↑❺ ↓❻

4. 인문학과
함께하는
리더십 탐방 ↑❼ ↓❽

❷ 대화 리더십 · **❹ 수평적 리더십** · **❻ 팔로우 리더십** · **❽ 멈춤의 리더십**

상대의 역린을 건드리지 마라	수평적 리더십을 발휘하려면?	축구와 인생의 공통점	멈춤과 흐름
대화의 흐름을 이어가려면?	프레임은 운명을 좌우한다	전문성과 팀워크	내 인생의 단편영화
짧은 스피치를 잘하려면?	희희낙락하며 살자	역경지수를 높이자	호박에서 배우는 지혜
남녀 리더십의 차이를 이해하라	함께 갑시다	좋은 사람이란?	놀이하는 인간, 호모 루덴스

리더십 특강을 위한 32가지 메시지

사통팔달
리더십

—— 서상윤 지음

지식공감

머리말

'사통팔달'은 막힘이 없이 통함을 의미한다. 여기서 쓰인 숫자 4와 8은 단순한 개수를 넘어 동서남북의 사방위나 춘하추동의 사계절처럼 전체라는 뜻을 갖는다. 사통팔달은 주로 교통의 요지를 설명할 때 많이 사용되는 표현이지만 이 외에도 모든 일을 깊고 자세히 알거나 모든 일에 정통하다는 의미로도 사용된다.

사통팔달(四通八達)은 문자와 숫자 조합이 재미있다. 4와 8은 '사주팔자'와 관계가 있고 사자성어에서 숫자를 빼면 '통달'이다. 흔히 4주8자를 운명이라고 말한다. 0~9까지 숫자에 하나의 획을 넣으면 그 숫자는 다른 숫자로 변경시킬 수 있다. 예를 들어 1은 4자로, 2·3·5·6·9는 8자로 변경이 가능하다. 하지만 4자와 8자는 한 획을 넣어도 다른 숫자로 변경이 불가능하다. 하지만 적에게도 적은 있다. 이 책은 사주팔자의 운명을 좀 더 나은 길로 안내할 것이다.

'통달'은 막힘이 없이 사물의 이치에 깊이 통한다는 의미다. 이 책은 변화무쌍한 환경 속에서 발생할 수 있는 여러 문제들을 막힘없이 뚫어 줄 수 있는 리더십 역량 계발서로서 삶을 살아가는 데 좋은 길잡이가 될 수 있다. 특히 평생교육 분야의 리더십 강사들이 강의 콘텐츠로 활용하기 쉽도록 구성했다.

당신은 무슨 일을 하고 계십니까? 라고 물으면, 필자는 '개인과 조직을 변화시키는 일을 한다.'라고 답변한다. 그러나 여기에는 단서가 있다. 내가 먼저 변화해야 한다. 스스로가 변화하면서 경험했던 변화의 계기, 과정, 결과를 생생하고 솔직하게 전달할 수 있어야 한다.

변화를 추구하는 대상은 3P 즉 사람(person), 제품(product), 과정(process)이다. 이 중에서 가장 변화시키기 어려운 대상은 사람이다. 따라서 사람을 변화시키려면 혁신적으로 접근해야 하고, 변화시키려고 하는 부분이 그 사람의 마음속에 완전히 자리 잡을 때까지 계속 진행형이 되어야 한다. 일시적인 처방으로는 관성에 의해 다시 원상복귀 된다.

사람이 변화되려면 4가지가 중요하다. 좋은 사람을 만나야 하고, 좋은 교육을 받아야 하고, 좋은 책을 읽어야 하고, 좋은 프레임이 형성되어야 한다. 이 네 가지가 충족되면 사주팔자의 운명도 바꿀 수 있다.

첫째, 좋은 사람을 만나야 한다. 옛말에 '人長之德 木長之敗(인장지덕 목장지패)'라는 말이 있다. 큰 사람 밑에 작은 사람은 덕을 입을 수 있지만, 큰 나무 밑에 작은 나무는 살지 못한다. 큰 사람이라고 하면 지혜로운 사람이며 훌륭한 스승과도 같은 사람이다. 그런 사람과 함께 하면 삶의 지혜를 전수받아 만사가 형통할 수 있다. 그러나 큰 나무 아래에 있는 작은 나무는 큰 나무 때문에 햇빛이 차단되고 양분을 빼앗겨서 살기 어렵다.

둘째, 좋은 교육을 받아야 한다. 교육은 과거와 현재를 연결해 주는 교량적인 역할을 한다. 교육을 거꾸로 하면 육교다. 육교는 도로를 횡단하기 위한 교량이다. 육교의 시작점은 현재고, 도착점은 미래다. 육교를 건널 때는 트랜드를 알고 건너야 한다. 즉 육교 건너편이 어떤 상황인지 즉 미래가 어떻게 변화할 것인지 알아야 한다. 트랜드는 교육이나 책을 통해서 알 수 있다. 만약 사람들이 육교를 이용하지 않고 무단 횡단한다면 사고를 당할 수 있고 교통의 흐름을 방해할 수 있다. 교육은 이런 위해요소를 사전에 차단할 수 있는 장치다.

셋째, 좋은 책을 읽어야 한다. 좋은 책의 기준을 판단하기 어려우면 베스트셀러나 공인된 기관의 추천도서를 보면 된다. 만약 악서를 읽고 그것이 내면화되면 우리의 사고방식과 행동을 지배하게 되어 삶이 잘못된 방향으로 흐를 수 있다.

넷째, 좋은 프레임이 형성되어야 한다. 프레임이란 '세상을 바라보는 방식'을 말한다. 어떤 프레임을 갖느냐에 따라 우리의 운명이 결정된다. 좋은 사람, 좋은 책, 좋은 교육은 프레임을 형성하는 데 긍정적인 영향을 미친다. 우리의 눈이 어디를 향하느냐에 따라 삶의 가치가 달라진다.

사통팔달 리더십은 4개의 통로, 8개 분야의 리더십, 32(4×8)개의 꼭지로 구성되어 있다. 각 꼭지마다 핵심정리, 질문, 리더십 발휘를 위한 제언을 통해 독자 스스로가 생각하고, 해결방안을 찾아내고, 내면화에 도움이 되도록 구성했다.

첫 번째 통로는 리더십에서 가장 근본이 되는 '의사소통'에 주안을 두었다. 의사소통의 수단은 듣기, 읽기, 말하기 쓰기다. 이러한 수단을 통해서 스피치 리더십과 대화 리더십을 향상시킬 수 있다. 스피치 리더십은 이목구비에 빗대어 풀어보았다. 스피치는 온몸을 사용하는 스킬이기 때문이다. 대화리더십은 대화의 중심을 나 중심에서 상대 중심으로 이동시키는 '역지사지' 관점에서 다루었다.

두 번째 통로는 인간관계에 주안을 두었다. 세상에는 세 가지 종류의 '관계'가 있다. 바로 나 자신과의 관계, 타인과의 관계, 공동체와의 관계이다. 이것은 모두 사슬로 연결되어 있고, 각각 서로에게 영향을 미친다. 좋은 인간관계를 맺으려면 상호 알아가는 과정과 협력적인 관계가 조성되어야 한다. 그래서 이를 구현하기 위한 관계 리더십과 수평적 리더십을 제시했다.

세 번째 통로는 '주인과 머슴의 차이'에 주안을 두었다. 우리 인생에 있어서 주인과 머슴의 차이는 '본인의 인생을 스스로 선택했느냐, 그렇지 않느냐의 차이'다. 지금까지의 내 인생을 뒤돌아보며 어떤 삶을 살았는지, 앞으로 어떻게 살 것인지 생각해 본다. 인생을 살다 보면 하고 싶은 것은 많은데 자원의 희소성으로 인해 우리는 늘 선택의 문제에 직면한다. 무엇인가를 얻기 위해서는 다른 어떤 것을 포기해야만 하는 기회비용이 발생한다. 따라서 한번 선택한 것은 차별화와 집중을 통해서 선택되지 못한 것까지 보상받을 수 있어야 한다. 그래서 인생의 주인으로 거듭날 수 있도록 셀프 리더십과 팔로우 리더십을 제시했다.

네 번째 통로는 인문학적 소양을 키우기 위해 책과 관련된 내용과 일상에서의 소소한 행복을 다루었다. 따라서 우리의 삶을 진솔하게 들여다보고 우리 정신과 삶을 새롭게 환기시킬 수 있도록 인문 리더십과 멈춤 리더십을 제시했다.

필자는 30여 년 동안 공직 경험과 10여 년 동안 리더십 콘텐츠를 개발했던 역량을 기반으로 '4통8달 리더십'의 책을 집필하게 되었다. 이 책은 독자들 스스로가 리더십 역량을 키우는 데에도 도움이 되겠지만 특히 지식산업 현장에서 리더십 강의를 하고 있는 강사들에게 좋은 교육 자료가 될 것이다.

마지막으로 10여 년 동안 필자의 강의에 참여해준 학습자들과 강의 기회를 마련해 주신 관계관들에게 깊은 감사의 마음을 전한다. 교육프로그램을 개발하고 강의를 준비하는 시간은 설렘과 기대로 행복했고, 교육장은 필자의 놀이터였음을 감히 밝힌다.

2020. 02. 20. 서상윤

CONTENTS

2통
당신의 관계는
안녕한가?

3통
당신은
주인인가
머슴인가?

1 애트

말은 곧
그 사람이다

이목구비와 몸짓, 공감은 의사소통을 주도하는 주요기능이다. 귀(耳)는 배려심을, 눈(目)은 마음을, 입(口)은 품격을, 코(費)는 호감을, 몸짓은 자신감을 나타낸다. 그리고 상대의 감정을 읽고 온몸으로 응대하는 것은 공감이다. 제 기능이 융합을 이룰 때 공감은 깊어지고 공감도가 깊어질수록 의사소통은 활발해진다.

대부분의 사람들은 대화할 때 상대의 말을 이해하려고 듣는 것보다 본인이 대답할 의도를 갖고 듣는다. 상대 중심보다 나 중심으로 문제를 풀려고 하면 그 대화는 단절된다. 상대의 감정을 읽고 공감해 줄 때 상대가 좋아하게 되고 대화도 원활해진다.

1달

스피치 리더십

스피치 구사력은 언어와 비언어를 통해 완성된다. 언어적인 요소는 말을 조리 있게 하는 부분이고, 비언어는 표정이나 몸짓을 통해 감정을 이입시키는 부분이다.

언어를 통해 자기표현이 서툰 사람은 말 잘하는 사람이 부러울 수밖에 없다. 그러나 "말 잘하는 사람치고 믿을만한 사람이 없다"라는 말도 있다. 왜냐하면 말을 청산유수처럼 쏟아내면 사람이 가볍게 보이고 신뢰감이 떨어지기 때문이다. 따라서 언어를 구사할 때는 감정이 담긴 목소리나 표정, 몸짓 등 비언어적인 행동이 함께 수반되어야 설득이 가능해진다.

사람들은 말을 할 때 두 가지 말을 동시에 한다고 한다. "들리는 말과 보이는 말"이 그것이다. 여기서 '보이는 말'은 비언어적인 요소이며 '들리는 말'은 언어적인 요소다. 사람들은 말을 할 때 비언어적인 표정이나 태도가 언어적인 말의 내용과 조화를 이루지 못할 때는 말(언어)보다는 몸짓언어(비언어)를 믿어버린다. 왜냐하면 감성이 깃든 비언어적인 표현에 사람들은 더 집중하고 신뢰하기 때문이다.

따라서 대화의 내용보다 더 중요한 것은 상대를 배려하는 태도와 그 마음가짐에서 우러나오는 표정이나 눈빛이라고 말할 수 있다. 말보다는 표정, 태도, 제스처 등에 따라 상대를 감동시키기도 하고 실망시키기도 한다.

귀(耳)는 배려이다

聽(들을 청)의 좌변을 보면 耳(이)+王(왕)이 합성되어 있다. 다시 말해 우리의 얼굴 중에서 귀가 제일 중요하다는 것을 말하고 있다. 그리고 귀는 얼굴의 다른 기능과는 달리 항상 열려 있다는 것이 특징이다.

의사소통 수단에는 말하기, 듣기, 쓰기, 읽기 4가지 요소가 있다. 여기서 듣기를 제외한 3가지 수단은 유아 때 학습이 가능하지만 듣기는 그렇지 않다. 공자는 60의 나이를 '耳順(이순)'이라고 했다. 공자는 평생을 학문에 힘쓰고 심신 수양을 위해 정진했지만 남의 말을 순하게 들을 수 있는 자세는 나이 60이 되어서야 가능했다고 고백했다. 그만큼 상대방의 입장에서 이해하고 듣는 것은 쉽지 않다.

개인 간 혹은 조직 내 소통의 중요성을 얘기할 때도 경청이 화두로 떠오른다. 그럼에도 불구하고 사람들은 왜 듣기보다 말하기를 좋아할까? 그것은 누군가가 자신을 알아주기를 원하기 때문이다. 말을 통해서 자신의 존재감을 부각시키려는 의도가 깔려 있다. 거리에 나가보면 스피치학원은 많이 있는데 경청학원은 보이지 않는다. 이는 경청에 대한 연구 부족과 경청 자체가 겉으로 표시되지 않는다는 이해 부족에서 나타난 현상이다.

필자는 과거 경청교육프로그램 제작에 참여한 적이 있다. 콘텐츠 제작과정에서 비교적 깊이 있게 접근했고 그 과정에서 경청의 개념을 다음과 같이 정리했다. '경청이란 귀, 맞장구, 마음이라는 수단을 통해 상대와 공감을 이루는 활동'이다.

'귀'는 상대의 말에 귀 기울여 듣는 것을 의미한다. '맞장구'는 상대가 말을 잘 할 수 있도록 유도해 주는 역할을 한다. 마음은 상대와 하나가 되어 공감을 이루는 수단이다.

여기서 맞장구와 공감은 듣기에서 많은 역할을 한다. 맞장구는 고개 끄덕이기, 박수, 엄지 척 등이 주요수단으로 활용된다. 맞장구를 칠 때는 일률적이고 규칙적으로 쳐서는 안 된다. 변화를 주어야 한다. 예를 들어 노딩(고개 끄덕이기)을 할 때는 빠르게, 늦게, 크게, 작게, 부드럽게, 힘차게 등 공감의 깊이에 따라 상응한 변화를 주어야 한다.

박수에도 매너가 있다. 박수를 칠 때는 손을 높이 들고 치는 것이 좋다. 손을 오른쪽으로 높이 들어 올리는 것은 상대에 대한 존경의 의미가 있다. 가슴 앞에서 박수를 치면 당신과 내가 대등하다는 의미고, 배꼽 부근에서 치면 내가 상대를 아래로 여긴다고 오해할 우려가 있다.

일본인은 세계에서 가장 맞장구를 많이 친다. 직접 대면이 아닌 전화를 할 때에도 연신 고개를 숙이며 '하이, 하이'를 연발하는 모습을 쉽게 볼 수 있다. 일본인은 왜 이토록 맞장구를 많이 칠까? 맞장구를 상대방에 대한 배려의 바로미터로 여기기 때문이다. 우리 역시 맞장구 문화가 있지만 적당히 치는 것이 좋다. 자칫 잘못하면 '가볍고 경솔한 사람'이라는 인상을 받을 수 있다. 맞장구는 자신의 감정과 생각을 전달하기도 하지만 상대를 배려하는 수단이기도 하다.

'공감'은 상대방의 마음을 읽고 똑같이 반응해주는 것을 말한다. 상대의 마음을 읽는다는 것은 상대의 감정을 감지하는 것이고, 반응을 한다는 것은 그 감정에 맞는 느낌을 표현해주는 것을 말한다. 따라서 공감한다는 것은 상대방의 경험, 생각, 정서 상태 등을 상대방의 입장에서 이해하고 느끼는 감정적 공유상태를 말한다. 그렇다고 해서 반드시 동의한다는 의미는 아니다. 그렇다면 공감은 어떻게 하는 것일까? 공감을 할 때는 BMW(Body language, Mood, Word)를 사용하면 좋다.

첫째, 'Body language, 행동 따라 하기'다. 대화를 할 때 상대의 모습을 관찰하고 상대와 똑같은 모습을 하는 것이다. 그럼 상대방은 그런 모습을 보면서 자기와 똑같이 생각하고 느끼는구나! 라는 인식을 하게 된다.

둘째, Mood, '감정 따라 하기'다. 상대의 표정을 보고 기분과 감정을 알아차린 후 그 표정을 따라 하는 것이다. 그럼 감정이입이 되면서 공감의 깊이가 커진다.

셋째, Word, '말 따라 하기(일명 back-tracking)'다. 상대가 하는 말을 앵무새처럼 다시 반복하는 것이다.

A: 철수와 영희가 싸웠데!

B1: 싸웠다고?

B2: 뭐? 싸웠다고?

B3: 뭐? 그렇게 사이좋은 애들이 싸웠다고?

B2 B3처럼 추임새를 추가해 가면서 강도를 높일 수도 있다.

공감적 경청을 위한 방법은 어떤 것이 있을까? 'LISTEN'으로 풀어보면 좋다. 'L'은 Listen으로 듣기의 준비다. 몸을 상대 쪽으로 돌린 후 상대를 향해 약간 앞으로 기울이며 상대에게 집중한다. 'I'는 ing, 중간에 말 끊지 않기다. 그러나 말을 잘라야 하는 경우도 있다. 계속해서 자기 말만 한다면 말을 끊은 후 요약하기 기법이 효과적이다. 예를 들어, "아~ 네. 지금 선생님이 말씀하신 내용은 이러이러한 내용이시죠? 그런데 이런 방법도 있습니다." 요약기법을 사용하면 상대가 말을 끊어도 아~ 저 사람이 내 말을 잘 듣고 있었구나! 라고 생각하며 불쾌해하지 않는다. 'S'는 Smile, 밝은 모습으로 듣기다. 무뚝뚝한 인상이나 화난 표정을 짓고 있으면 상대가 마음을 열지 못한다. 'T'는 Touch contact, 공감하기다. 상대의 감정을 읽고 그 감정과 상응한 표정을 짓거나 맞장구를 친다. 'E'는 Eye contact, 눈 맞추기다. 눈과 눈이 고정되면 부담스러울 수도 있다. 얼굴 부위를 번갈아 바라보되 부드럽고 편안한 눈빛으로 대한다. 'N'은 Nodding, 고개 끄덕이기다. nodding을 할 때는 공감의 깊이에 따라 빠르게,

천천히, 길게, 짧게 등 끄덕임에 변화를 준다.

맞장구와 공감은 상호 의존관계라고도 볼 수 있다. 왜냐하면 공감하고 있다는 것을 맞장구로 표현해 주고 또한 맞장구를 쳐 줌으로써 상대방의 말에 공감하고 있다는 신호를 보내기 때문이다.

경청을 잘 한다는 것은 '틀림이 아니고 다름', '역지사지의 자세', '나 중심에서 상대 중심으로 중심 이동' 등을 의미한다. 장석주 시인의 '대추 한 알'이란 시가 있다. "대추가 저절로 붉어질 리는 없다" 시인들은 대추 한 알 속에서 태풍을 보고, 벼락을 보고 무서리를 본다.

도대체 어떻게 그런 일이 가능할까? '일체화'의 능력 때문이다. 자신이 대추가 되는 것이다. 보통 사람들은 역지사지까지는 간다. 그러나 시인들은 거기서 한 발 더 나아간다. 상대의 입장이 되는 게 아니라 자신이 곧 그 대상이 되는 것이다. 일체화는 공감하는 데 있어서 엄청난 비법이다. 여러분 스스로가 상대와 일체화가 되어보는 것이다. 그럼 상대와 확실한 공감이 가능할 것이다.

결론적으로 우리는 대화를 '입과 입'의 관계로 생각해 왔다. 하지만 진짜 대화는 '입과 귀'의 관계이다. 조직 내 경청의 근본은 리더는 듣고 조직 내 구성원은 말하는 것에서부터 출발한다. 이때 리더는 질문과 적시적인 피드백을 통해 합리적인 대안을 도출하거나 의사결정이 합리적으로 이루어지도록 촉진자 역할을 해야 한다.

〈정리〉

귀는 배려이다. 경청이란 귀, 맞장구, 마음이라는 삼위일체의 조화를 통해 공감을 이루는 활동이다. 귀는 기울여 듣는 것이고, 맞장구는 상대를 배려하는 활동이다. 마음은 상대의 감정을 읽고 공감을 이루는 수단이다. 경청의 기법은 LISTEN 기법으로, 공감을 이루는 활동은 BMW의 법칙으로 훈련이 가능하다.

〈삶으로 떠나는 질문〉

1. 사람들은 왜 듣기보다 말하기를 좋아할까?
2. 경청을 잘하는 사람들의 특징은 무엇일까?
3. 상대가 내 말을 잘 안 들어주면 어떤 생각이 들까?
4. 경청을 잘하면 어떤 유익이 있을까?

〈리더십 발휘를 위한 제언〉

1. 이청득심(耳聽得心), 경청을 잘하게 되면 상대의 마음을 얻을 수 있다.
2. 경청은 틀림이 아니고 다름을 인정할 때 강화된다. 다름을 인정하려면 역지사지가 선행되어야 한다. 역지사지를 하려면 나 중심에서 상대 중심으로 이동하는 훈련이 필요하다.
3. 스피치는 직진이 아니고 쌍방향이다. '입과 입'의 관계가 아니고 '입과 귀'의 관계이다.
4. 조직 내 경청의 근본은 리더는 듣고 구성원은 말하는 것에서 출발한다. 리더는 질문과 적절한 피드백을 통해서 합리적인 대안이 도출되도록 촉진자 역할을 해야 한다.

눈(目)은 마음이다

눈은 우리 표정의 대부분을 차지한다. 눈은 '마음의 창'이다. 눈빛을 보면 그 사람의 내면을 알 수 있다. 우리들의 눈빛 속에는 우리의 마음이 들어 있다. 인생의 주인이 되고 싶으면 좋은 눈빛을 가져야 한다. 부처님의 말씀 중 무재칠시(無財七施)가 있다. 재산이 없어도 남에게 베풀 수 있는 것이 7가지가 있는 데 그중 첫 번째가 화안시(和顔施)다. 이는 부드럽고 미소 띤 눈빛으로 상대방을 대하기다. 미소 자체만으로도 상대를 편안하게 해줄 수 있다는 말이다.

눈빛에는 종류가 있다. 지혜로운 눈빛, 인자한 눈빛, 사랑이 담긴 눈빛, 다정한 눈빛, 그윽한 눈빛 등 그런 눈빛에 우리는 마음이 끌린다. 그러나 그냥 보기만 해도 섬뜩함이 느껴지는 무서운 눈빛, 왠지 모르게 답답해 보이는 눈빛, 불안정한 마음이 드러나는 초조한 눈빛 등 회피하고 싶은 눈빛들이 있다. 말없이 건네는 눈빛만으로도 우리는 수많은 대화를 나눈다.

한때 대통령으로 출마했던 허경영은 아이큐가 430이고, 축지법을 쓰고 공중부양을 하며, 외계인과 통화도 한다며 허무맹랑한 주장을 했다. 하지만 많은 사람들이 그에게 열광했다. 그 비결은 아이컨텍이었다. 허경영의 노래 콜미(call me)는 이렇게 시작된다. "내 눈을 바라봐! 넌 행복할 거야! 내 눈을 바라봐! 넌 건강해질 거야"라는 가사로 노래의 서두를 장식하고 있다. 한편 그는 질병을 고친다고 하면서 상대에게 자기 눈을 바라보라고 한 후 자기의 눈빛을 쏜다. 그리고는 '다 치료되었어요'라고 아주 자신 있고 태연하게 말한다. 문제는 사람들이 그런 눈빛에 현혹되어 버린다는 것이다.

오래전 모 부대의 어느 병사가 자기들 간 위계를 말하면서 이런 표현을 했다. 선임병들은 후임병들에게 지시할 때 '눈빛을 쏜다'고 했다. 그러면 눈치를 챈 후임 병사들이 곧바로 시행한다고 한다. 그러나 그 눈빛을 이해 못하는 병사는 왕따가 되기 쉽다고 했다. 병영 내에는 병 상호간 부조리 일소 차원에서 폭언, 폭행, 지휘계통이 아닌 자의 지시행위 등을 금지하고 있다. 그래서 그들은 소통의 방식으로 눈빛을 활용하고 있는지도 모른다.

사람은 몸짓이나 표정 등 음성 이외의 거의 모든 커뮤니케이션 정보를 눈을 통해 받아들이고 있다. 상대방에게 시선을 준다는 것은 말에 의한 전달을 보충해 준다. 시선 접촉은 친밀한 감정을 전하는 동시에 무의식적인 메시지인 경우도 많다.

미네소타 학회에서는 '눈을 맞추고 이야기하는 것이 설득력을 갖는다'고 했다. 연설을 하면서 적어도 한 사람을 2분씩 지속적으로 응시하라고 주문하기도 한다. 눈의 표정은 의사를 전달하는 데 있어 큰 비중을 차지한다. 효과적인 연설은 눈을 맞추는 것으로 완성된다고 봐도 과언은 아니다. 그리고 낯선 상대와 눈을 마주칠 때는 상대의 눈에 시선을 고정시켜 상대가 부담을 갖지 않도록 유의한다. 가급적 얼굴의 상하좌우를 번갈아 가면서 시선을 주는 것이 좋다. 특히 남자가 여자를 바라볼 때는 여자의 이마 부분을 응시해주는 것이 좋다. 남자의 시선이 입 혹은 그 아래로 떨어지게 되면 부담을 가질 수 있다. 여자는 남자의 눈과 인중 부분을 번갈아 바라봐 주는 것이 좋다. 그러한 시선에 남자들은 부담을 느끼지 않는다.

눈은 상대를 속일 수 없다. 토니야 레이멘(美. 신체언어전문가)은 우리 뇌 속 깊이 숨겨진 곳에는 감정의 중추인 변연계가 있어서 바로 앞에 서 있는 사람이 적인지, 친구인지를 즉각적으로 분별해 낼 수 있는 민감한 감지기가 있다고 했다. 저 사람에게 일을 맡기면 잘할까? 아니면 나를 배신할까? 눈빛이 주는 느낌은 전달자의 숨은 뜻을 감추기 어렵다고 했다.

인상의 호감도는 많은 부분이 눈으로부터 연출된다고 보면 된다. 성공한 사람은 인상이 밝다. 인상이란 속에 있는 본질이 겉으로 드러난 것이다. 얼굴은 영혼이 통하는 곳이다. 일란성 쌍둥이도 누구를 만나서 살았느냐에 따라서 얼굴 형태가 변한다고 한다. 그래서 눈빛을 마음대로 연출해서는 안 된다. 눈은 상대를 속일 수 없다. 좋은 눈을 가져야 하고, 내 눈빛이 상대에게 비수가 되어서는 안 된다.

'맑은 눈빛을 5천만 원에 해드립니다!' 이런 광고가 나온 적이 있다. 우리의 얼굴은 성형으로 변신이 가능하지만 눈빛은 성형할 수 없다. 눈을 통해서 사람의 성격을 알 수 있다는 연구결과도 있다. 심성을 바르게 쓰고 좋은 것만 보도록 해야 한다. 왜냐하면 눈이 어디를 향하는가에 따라 우리의 마음도 달라지고 시선이 머무는 곳에는 언제나 우리의 마음이 머물기 때문이다.

<정리>

눈은 '마음의 창'이다. 눈을 보면 그 사람의 내면을 알 수 있다. 말 없이 건네는 눈빛만으로도 우리는 수많은 대화를 나눈다. 상대방에게 시선을 준다는 것은 말에 의한 전달을 보충해 준다. 내 눈이 어디를 향하는가에 따라 우리의 마음도 달라지고 시선이 머무는 곳에는 언제나 우리의 마음도 머문다. 인상이란 속에 있는 본질이 겉으로 드러난 것인데 눈빛이 인상의 대부분을 차지한다. 눈은 상대를 속일 수 없다. 좋은 눈빛을 가져야 한다.

<삶으로 떠나는 질문>

1. 눈은 왜 마음의 창이라고 할까?
2. 눈빛에도 종류가 있다. 어떤 눈빛들이 있을까?
3. 남녀가 대화 시 눈 맞춤은 어떤 방식으로 하면 좋을까?

<리더십 발휘를 위한 제언>

1. 당신의 눈빛은 당신의 심성을 대변한다. 좋은 눈빛을 가져야 성공할 수 있다.
2. 한쪽 면만을 보는 '편견'을 지양하고, 사면을 모두 볼 수 있는 '통찰의 눈'을 가져라. 통찰의 눈을 가진 사람은 지혜롭다.
3. 사람을 대할 때는 부드럽고 미소 띤 눈빛으로 대하라.

입(口)은 품격이다

우리 얼굴의 이목구비 중 귀, 눈, 코는 두 개의 구멍이 있어 충분히 듣고, 보고, 분별할 수 있도록 구조되어 있다. 하지만 입은 하나로서 조심히 다루도록 설계되었다. 입을 보면 말이 함부로 나오지 못하도록 이중 장치로 되어 있는데 1차로 치아가 막고, 2차로 입술이 막고 있다.

부처님 말씀에 '향 싼 종이에 향내 나고 생선 싼 종이에 비린내 난다'는 말이 있다. 어느 그릇에 말을 담느냐에 따라 말의 수준과 깊이의 척도가 달라진다. 따라서 말은 그 사람이 터득한 '말솜씨'라기 보다는 그 사람이 가지고 있는 내면의 모습이라고 볼 수 있다. 그리고 그 사람의 내면이 향으로 채워져 있는지 그렇지 않은지에 따라 말의 품격도 달라진다. 우리가 품고 있는 마음은 향나무가 되어야 한다. 왜냐하면 향나무는 도끼에 찍혀도 향내가 나기 때문이다.

김윤나는 그의 저서『말 그릇』에서 "당신의 말속에는 당신의 그릇이 보이고 그것은 그 사람의 내면과 닮아있다. 말 그릇이 작은 사람들은 조급하고 틈이 없어서 다른 사람들의 말을 차분하게 듣지 못한다. 자신이 하고 싶은 말로만 말 그릇을 꽉 채운다. 상대방의 말을 가로채기도 하고, 과장된 말을 사용하기도 하고, 두루뭉술한 말로 자신의 의중을 숨기기도 한다. 옳고 그름의 기준을 언제나 자신에게 둔다. 상대를 평가하고 비난하기를 습관처럼 하지만 스스로에 대한 평가와 비난은 참아내질 못한다."라고 했다. 불쑥 튀어나오는 말 한 마디를 교정수단을 이용하여 바꾸기는 쉽지 않다. 말이란 기술이 아니라 매일매일 쌓아 올려진 습관에 가깝다.

'말 잘하는 기술'만 익혀서는 자신만의 새로운 말 습관을 바꾸기 어렵다. 또한 말 속에 나타난 자신의 표정도 감출 수 없다. 겸손한 자세로 자신을 낮추고 상대를 배려하는 마음을 갖게 되면 좋은 말이 나오게 된다.

옛날 박상길이라는 나이가 지긋한 백정이 장터에서 푸줏간을 하고 있었다. 양반 두 사람이 어느 날 고기를 사러 왔다. "얘 상길아 고기 한 근 내놔라." 그러지요. 박상길은 솜씨 좋게 칼로 고기를 베어 주었다. 함께 온 다른 양반은 상대가 비록 천한 백정의 신분이기는 하지만 나이 든 사람에게 말을 함부로 한다는 것이 거북했다. "박 서방 여기 고기 한 근만 주게나." 예. 고맙습니다. 기분 좋게 대답한 박상길은 고기를 잘라주었다. 그런데 먼저 고기를 산 양반이 보니 자기가 받은 것보다 다른 양반의 것이 갑절은 되어 보였다. 그 양반은 화가 나서 소리를 지르며 따졌다. "네 이놈, 같은 한 근인데 어째서 이 사람 것은 크고 내 것은 작으냐?" 그러자 박상길이 대답했다. "그야 손님 고기는 상길이가 자른 것이고요. 이 어른 고기는 박 서방이 잘랐으니까요."

나 자신을 낮추는 것은 사람들에게 지는 것이 아니냐고 묻는 사람들이 있다. 그런데 살면서 보니까 낮추면 낮춘 만큼 행복해진다. 왜냐하면 낮추다 보면 많은 사람을 얻게 되고 또한 그들과 관계에서 많은 도움을 받게 된다. 내가 조금 지더라도 내가 더 큰 것을 성취한다면 그건 곧 이기는 것이고 나아가서는 마음의 평화, 가족 안에서의 행복, 다 같이 잘되는 큰 결과를 얻는다. '역지사지의 마음'으로 상대를 배려한다면 우리의 마음은 한결 편안해질 것이다.

배려의 말 중에는 쿠션 화법, 공감 화법, I message 화법이 있다.

첫째, '쿠션 화법'은 부정의 말 바로 앞에 배려의 말을 덧붙여 주는 화법이다. 예를 들어, "실례합니다만, 죄송합니다만, 번거로우시겠지만, 바쁘시더라도, 이 점 양해해 주신다면, 불편하시겠지만" 등등의 멘트이다. 거절의 내용 앞에 쿠션과도 같이 폭신한 느낌의 멘트를 깔아주면 분명 완충 효과가 있다.

둘째, '공감 화법'은 사람과 사람을 연결시켜주는 화법이다. 예를 들어, "그래, 힘들었겠다. 고생했어, 그럴 수도 있겠구나! 내가 무엇을 도와주면 좋을까?"라는 등등의 표현이다. 이를 반복하게 되면, 습관으로 내면화될 수 있고, 상대와 관계의 깊이도 달라진다. 사람들과의 만남이 이전보다 편안해지고, 이야기를 들어주고 공감해주는 역할도 기꺼이 해내게 된다. 무엇보다도 스스로를 꽤 괜찮은 사람으로 여기게 된다.

셋째, 'I message 화법' 즉 '나'를 주어로 말하기다. 우리가 대화에서 순간적으로 쓰는 말 대부분은 You message다. 즉 '너'를 주어로 말하는 것이다. 너를 주어로 상대방의 존재를 평가, 비판, 충고하는 공격적 표현(너는 ……하다)이다. 예를 들어 '자네는 일처리가 왜 그렇게 늦나?'이다. 여기서 주어는 '너'다. 이런 말은 상대방의 마음에 상처를 주어 상호관계를 파괴하고, 일방적으로 강요하거나 공격하는 느낌을 주고, 상대방을 방어적으로 대처, 반감, 저항하게 한다.

I message 화법은 나를 주어로 상대방이 한 행동에 대해 적극적으로 표현하는 말이다. 그 형식은 행동(상대방의) + 영향(그 행동이 나에게 미치는) + 감정(그로 인한 나의)이다. 즉 네가(상대방 행동)…하니까, 그 결과… 하여(나에게 미친 영향), 나는(내가 느낀 감정)~하다. 예를 들어, 자네 일 처리가 늦어지니(상대행동), 내가 다른 일을 할 수 없어!(나에게 미친 영향), 나는 지금 초조하고 다급한 심정이야…(내가 느낀 감정)와 같은 형식이다. 여기서 주어는 '나'다. 덧붙인다면 긍정적인 감정으로 마무리를 한다. 예를 들어, 똑같은 실수가 반복된다면 "내가 너무 섭섭할 것 같아요. 잘 할 수 있으리라 믿어요. 자신 있으시죠?"라는 내용으로 마무리하면 된다. I message 화법이 미치는 영향은 상대방에게 개방적이고 솔직하다는 인상을 준다. 나의 생각과 감정을 전달함으로써 이해를 증진시킨다. 상대방은 나의 느낌을 저항 없이 수용하고 스스로 문제를 해결하려는 의도를 갖게 되어 저항 대신 협력한다.

아무리 말을 조리 있게 해도 감정이 배어나오는 목소리나 표정 태도 등 비언어적인 행동이 수반되지 않으면 상대를 설득시키는 데 한계가 있다. 따라서 대화의 내용보다 더 중요한 것은 상대를 배려하는 태도와 그 마음가짐에서 우러나오는 표정이나 눈빛이라고 말할 수 있다. 언어적 표현인 말과 함께 비언어적 표현인 표정, 태도 제스처 등이 함께 이루어지면 전달효과는 훨씬 더 커진다.

〈정리〉

말은 품격이다. 그 사람의 내면이 향으로 채워져 있는지 그렇지 않은 것인지에 따라 말의 품격도 달라진다. 겸손한 자세로 자신을 낮추고 상대를 배려하는 마음을 갖게 되면 좋은 말이 나오게 된다. 배려의 말 중에는 쿠션 화법, 공감 화법, I message 화법이 있다. 이 화법을 반복하게 되면 내면화로 이어지고 말의 품격을 갖출 수 있다.

〈삶으로 떠나는 질문〉

1. 얼굴의 귀, 눈, 코는 항상 열려 있는데 입은 왜 닫혀 있을까?
2. 쿠션 화법이란 무엇인가? 예를 들어보세요.
3. 공감 화법이란 무엇인가? 예를 들어보세요.
4. I message 화법이란 무엇인가? 예를 들어보세요.

〈리더십 발휘를 위한 제언〉

1. 말은 어느 그릇에 담느냐에 따라 그 수준과 깊이의 척도 달라진다.
2. 겸손한 자세로 자신을 낮추고 상대를 배려하면 좋은 말이 나온다.
3. 자신의 감정이 깃든 비언어적인 표현에 사람들은 더 집중하고 신뢰한다.
4. 배려 화법을 구사하게 되면 품격이 높은 리더로 인정받을 수 있다.
5. 비언어적인 표현은 공감도를 증대시켜 언어적 표현을 극대화시킬 수 있다.

코(鼻)는 호감이다

인간의 얼굴 중에서 눈은 멀리 보라고 맨 위에 있고, 입은 아래의 음식을 먹기 쉽도록 맨 아래에 있다. 그리고 코는 중앙에 위치하면서 사람의 매력도에 크게 영향을 미친다. 실제로, 남자의 경우에 코가 얼굴의 가운데에 높고 오뚝한 경우는 바른 인상, 강직한 남성스러움이 표현될 수 있으며, 여성의 경우는 부드러운 콧등과 약간 올라간 반 버선 모양의 코끝은 여성스러움과 동시에 이성에게 호감을 주는 매력을 발산하게 한다.

클레오파트라가 당대 최고 미인이었던 이유는 오뚝하면서도 아름다운 콧대 덕분이라는 문헌이 있다. 시간이 많이 흐른 지금도 오뚝하고 오밀조밀한 코는 남녀불문 미인의 조건이다. 코는 한가운데 있기 때문에 가장 먼저 눈에 들어오는 부위이다. 뿐만 아니라 중심선, 대칭구도, 비율, 입체감 등 다양한 역할도 한다. 최근에는 호감형의 인상, 입체감 있는 외모를 위해 코 성형 수술이 많이 늘고 있다.

아리스토텔레스의 수사학에 설득의 3요소인 Ethos, Pathos, Logos가 있다. 이들 요소가 상대를 설득하는데 차지하는 비중은

Ethos(60%), Pathos(30%), Logos(10%)이다. Ethos는 인격적 요소(호감, 명성, 신뢰)이며, Pathos는 감성적 요소(공감, 친밀감, 연민), Logos는 이성적 요소(지식, 논리, 근거)를 일컫는다. 이 이론에서도 보듯이 호감은 상대와의 관계를 형성하는 데 있어서 가장 중요한 요소로 작용한다. 세상을 움직이는 힘은 권력, 돈, 지위가 아니라 호감에서 나온다는 연구결과도 있다. 그렇다면 호감도를 상승시키려면 어떻게 하면 좋을까?

프랑크 나우만은 그의 저서 『호감의 법칙』에서 호감이란 상대에 대한 오랜 관찰에 의해 식별되는 것이 아니라 0.1초의 순간이 결정하는 찰나적인 것이라고 했다. 미국 프린스턴대 심리학자인 제닌 윌스와 알렉스 토도로프 교수도 2006년 참가자들에게 낯선 사람들의 사진을 보여주는 실험을 했다. 실험자들이 사진 속에 있는 사람들이 매력적인지 믿을만한 사람들인지 판단하는 시간은 놀랍게도 0.1초 만에 판단했다. 이 연구의 결과를 통해서 보면 호감은 직감에 의해 결정된다는 것을 알 수 있었다.

조직의 리더에게 호감은 리더의 필수요건이다. 티치아나 카사이로와 미구엘 수사로브의 호감과 능력의 상호관계에 대한 연구(하버드 비즈니스 리뷰, 2005)에는 당신에게 조언해 줄 사람이 필요할 때 당신은 능력 있는 동료와 호감 있는 동료 중 누구를 찾아가겠는가? 라는 조사를 했다. 그 결과 응답자의 절반 이상이 호감 있는 동료를 찾아가겠다는 결과가 나왔다. 좀 더 자세히 들여다보면, 응답 1순위는 호감을 주고 능력 있는 동료를 선택했다. 2순위는 능력은 조금 부족해도 호감 있는 동료를 택했는데 그 이유는 유능하지 않더라도 내 문제를 깊이 이해해 줄 수 있을 것이기 때문이라고 했다. 3순위는 유능하지만 비호감인 동료를 택했는데 비상시에만 도움을 청하겠다고 했다. 그 이유는 비호감인 사람에게 감사해야 하는 상황이 싫기 때문이라고 했다.

무능력하고 호감 있는 사람이 유능하고 비호감인 사람보다 더 높이 평가되는 것을 보면 호감이 능력보다 더 중요시됨을 알 수 있다.

그렇다면 어떻게 하면 호감 있는 리더가 될 수 있을까? 호감을 사는 대화방법이나 행동들은 너무나도 많고 정답도 없다. 그래서 필자가 직접 교육현장에서 활용하고 있는 SLEC 기법들을 소개하겠다.

첫째, Smile, 잘 웃어라. 대화를 하면서 방글방글 웃는 모습을 자주 보이면 본인은 물론 상대방 역시 웃게 만들고 기분도 좋게 한다. 적당한 타이밍에 적당한 웃음과 리액션을 더하면 그 분위기를 한층 더 즐겁게 만든다. 혹자들은 말을 하면서 무표정 혹은 화난 표정을 짓는 사람이 있다. 본심은 그게 아닌데 말투나 표정이 습관화 되어버린 것이다. 이런 사람들은 인간관계에서 좋은 성과를 기대하기 어렵다.

둘째, Listen, 잘 들어라. 말을 잘 들어주는 사람의 특징을 보면 상대존중, 배려, 긍정감성, 좋은 대인관계, 여유 충만 등 호감을 불러일으키는 요소를 많이 갖추고 있다. 경청을 잘하게 되면 상대가 좋아한다. 좋은 관계를 맺는다. 좋은 정보를 얻는다. 상대를 설득할 수 있다. 상사나 부하의 마음을 알 수 있다 등의 유익을 준다. 반대로 상대가 내 말을 잘 들어주지 않으면 어떤 느낌이 들까? 무시 받음, 반항, 화남, 오해, 복수 등의 느낌이 든다.

셋째, Empathy, 공감하라. 공감은 이성적인 차원을 뛰어넘는 것이다. 공감하려면 상대의 감정을 먼저 파악해야 한다. 감정의 중심을 나 중심에서 상대 쪽으로 이동하는 훈련을 해야 한다. "아~~. 네~~. 저런! 그렇군요! 맞습니다! 물론이죠!" 등과 같은 맞장구와 함께하면 공감의 깊이는 훨씬 더해진다.

넷째, confidence, 자신감을 갖는다. 자신감을 가지려면 '부정의 언어를 긍정의 언어로' 바꾸고 '그럼에도 불구하고 한다.'라는 용기가 필요하다. 자신감 있는 태도는 상대방에게 신뢰감과 높은 호감을 줄 수 있다. 특히 대화 시 적절한 제스처는 자신감 있는 모습으로 비친다. 그러나 자신감이 높은 사람도 낯선 일을 처음 할 때는 일시적으로 자신감이 낮아지는 경우가 있다. 이 경우 낮아진 자신감은 일시적으로 나타난 현상이기 때문에 비교적 짧은 시간 내 원래 상태를 회복할 수 있다. 이 외에도 상대방의 이름을 기억하고 불러주기, 편안한 눈빛으로 바라보기, 성격에서 까다로움을 제거하기, 불평이나 뒷담화하지 않기, 그 누구의 성공에도 축하할 기회를 놓치지 않기 등을 들 수 있다.

〈정리〉

코는 호감의 상징이다. 세상을 움직이는 힘은 권력, 돈보다 호감에서 나온다. 무능력하고 호감 있는 사람이 유능하고 비호감인 사람보다 더 높이 평가된다. 호감은 상대에 대한 오랜 관찰에 의해 식별되는 것이 아니라 찰나적인 순간에 의해 결정된다. 일생생활에서 호감을 주는 방법은 smile(미소), listen(경청), empathy(공감), confidence(자신감)이다.

〈삶으로 떠나는 질문〉

1. 공감화법은 어떻게 하는 것인가? 예를 들어보세요.
2. 일상생활에서 개인적으로 호감도를 높일 수 있는 방법과 관련 사례는?

〈리더십 발휘를 위한 제언〉

1. 호감을 만들어 내는 것은 좋은 마음과 겉으로 드러난 태도에 기인한다.
2. 호감을 사는 방법을 이해해야 자신의 비호감 요소를 찾아낼 수 있다.
3. 나의 호감과 비호감은 자신보다 오히려 상대에게 긍정적, 부정적 영향을 미친다. 따라서 호감도를 높이고 비호감 요소를 제거하려는 노력은, 상대에 대한 존중과 배려이다.

2달

대화 리더십

대화는 기술보다 자세가 중요하다. 상대가 누구인지를 먼저 알고 상대의 눈높이에 맞는 언어를 구사할 수 있어야 한다. 대화 시 갈등은 다름의 차이를 인정하지 못하는 데 있다. 좋은 대화를 하고 싶다면 역지사지 정신이 필요하다.

대화의 시작은 가벼우면서도 열린 질문이 좋다. 상대가 최근 일주일 사이에 한 일이나, 상대의 관심사나 좋아하는 취미, 공통의 관심사인 사회적 이슈나 건강 등을 질문하면서 마음을 여는 분위기를 조성한다.

Latte is horse. '나 때는 말이야!', '내가 네 나이였을 때는', '요즘 젊은이들은 예의가 없어', '어린애가 뭘 안다고 그래' 등 젊은 세대들은 나이를 앞세워 말하고 행동하는 것을 가장 싫어한다. 세대 차이가 소통을 가로막는 장애가 되지 않아야 한다. 기성세대의 한마다 말은 아래 세대에게 선물이 될 수 있고 상처가 될 수도 있다.

　대화가 잘 되려면 상호 신뢰가 있어야 한다. 신뢰가 전제되지 않은 대화는 오해와 불만을 야기할 수 있다. 신뢰를 형성하려면 우선 자신의 마음을 개방하면서 솔직하게 접근해야 한다. 내가 마음을 열은 만큼 상대도 그만큼만 연다는 사실을 알아야 한다.

　'요하리의 창' 모델은 대인관계에 있어서 자신을 타인에게 노출시키고, 또한 상대의 피드백을 받아 자신을 노출시킴으로써 공공영역을 늘려나가야 한다는 이론이다. 그렇게 함으로써 의사소통 간 갈등의 소지를 줄이고 문제해결을 신속하게 할 수 있다는 것이다.

상대의 역린(逆鱗)을
건드리지 마라

한비자(제12편: 세난)에는 '상대의 역린을 건드리지 마라'라는 말이 있다. 이 말은 옛날 중국 춘추전국시대에 군주를 설득해야 하는 어려움에 대해 말하고 있다. 역린의 '역(逆)'은 거꾸로라는 뜻이고, '린(鱗)'은 비늘을 뜻한다. 즉 비늘이 거꾸로 박혀 있음을 의미한다. 용(龍)의 몸은 형형색색 수만 개의 비늘이 한쪽 방향으로 나란히 덮여 있다. 그런데 유독 한 부분에만 거꾸로 박힌 비늘이 하나 있었다. 용에게는 그 상황이 매우 부끄럽고 감추고 싶은 것이었다. 요즘으로 말하면 '치명적인 콤플렉스'라고 말할 수 있다.

용이란 원래 순한 동물이라서 길을 잘 들이면 사람이 용의 등을 타고 놀 수 있다. 하지만 목 근처의 역린을 건드리면 절대로 안 된다. 용에게 역린은 수치스러운 것이어서 이를 건드리면 온순한 용도 사람을 물어 죽이기 때문이다. 군주에게도 이런 역린이 있으니 절대로 이 역린을 건드리지 말라는 고사이다. 소신껏 말한다고 군주의 역린을 건드리면 그 자리에서 죽임을 당할 수 있다.

사람들도 누구나 여러 모양의 역린을 갖고 있다. 예를 들어 자식

이야기가 나오면 고개를 숙이는 사람에게 자기 자식을 자랑한다는 것은 상대방의 역린을 건드릴 수 있다. 상대방의 역린을 건드리면 화를 당할 수 있음을 알아야 한다. 아무리 친한 관계라도 자신이 생각하는 치명적인 약점이나 아픈 상처를 건드리게 되면 수치심, 분노 등을 느낀다. 이것만큼은 남들이 알지 않았으면 하는 것들이 있는데 이런 바람과는 달리 세상은 그렇게 너그럽지 않다. 많은 사람들이 타인의 역린을 서슴지 않고 거스르기 때문이다. 단순한 호기심이라기보다는, 자극을 주고 그 반응을 살피는 재미라고 하면 표현이 좋을 것 같다. 텔레비전의 연예프로그램 중에 간혹 상대의 약점을 희화시키거나 알리고 싶지 않은 것들을 들추어내면서 시청자들의 관심을 끌려고 하는 경우처럼 말이다.

　사람들은 모두 약점을 가지고 산다. 그 약점은 모두가 잘 알고 있는 것일 수도 있고 자신만이 알고 있는 것일 수도 있다. 어떤 사람들은 타인에 대해 이야기할 때 그의 역린을 화제에 올리며 쾌감을 느낀다. 좌중 역시 그런 이야기를 즐거워하기도 한다. 예를 들어 어떤 모임에 탈모가 많이 진행된 남성이 있다고 하자. 그러면 누군가는 꼭 이런 이야기를 한다. "어휴 이제 곧 앞 동네 뒷동네 만나겠네. 주변이 훤하네!" 자신은 농담이라고 생각하고 던진 말인데 듣는 사람에게는 비수가 되어 박히는 경우일 수 있다. 겉으로 태연하게 웃어넘긴다고 해서 '이 정도는 괜찮겠구나!' 생각해서는 안 된다. 성공적인 인간관계나 대화를 원한다면 상대의 강점을 말하고 약점은 가급적 감춰주는 것이 좋다. 알고 보면 상대의 약점이라는 것은 대부분 나와는 상관이 없는 것들이다. 또 나에게는 어떠한 피해도 주지 않는다. 상대가 갖고 있는 약점 즉 콤플렉스는 그 사람의 문제다. 아픔이 크면 상대가 갖게 되는 원한과 보복도 크다는 사실을 명심해야 한다.

역린지화는 통상 아랫사람이 윗사람을 설득하는 과정에서 유념해야 할 사항으로 설명되어 왔다. 그런데 과거 필자가 근무했던 부서에서 상관이 부하의 역린을 건드려서 치명적인 결과를 초래한 사건이 있었다. 새로 부임한 상관은 우리 부서에 부임 전까지 승승장구를 거듭했고 당시에 누구나 인정하는 요직에서 무소불위의 힘을 과시했다. 그는 부하직원들에게 거침없는 막말을 해서 자주 구설수에 올랐다. 그 부서는 핵심부서여서 직원 모두가 장래 진출을 위해 평정을 잘 받아야 하는 상황이어서 그의 거친 언행을 마음으로 삭히면서 감내할 수밖에 없었다. 그런 잘못된 언행이 감독기관에 보고되면서 결국 그는 정기 인사에서 더 이상 진출하지 못했고 직위에서 한직이라고 하는 우리 부처에 오게 되었다. 어느 날 주요 간부들을 대상으로 회의를 하는데 그 버릇이 습관처럼 나왔다. 한 중간 간부에게 치명적인 약점을 들추면서 막말을 했던 것이다. 그 순간 린치를 당한 부하직원은 분을 삭이지 못하며 그가 그동안 잘못했던 여러 근거를 들이대며 용서하지 않겠다며 대들었다. 순간 당황한 상관은 흔한 말로 꼬리를 내리면서 어쩔 줄 몰라 했다. 결국 부하에게 사과했고 망신만 당하는 결과를 자초한 것이다. 부하직원이라도 역린을 건드리면 이와 같이 낭패를 볼 수 있다는 교훈을 안겨준 사건이었다.

상사를 모시는 직원이 윗사람의 역린을 건드린다면 회사를 그만

둘 각오를 해야 한다. 반대로 아랫사람이라 할지라도 그 사람의 역린을 잘못 건드리면 부하에게 신뢰를 잃게 된다. 우리는 알고 있다. 나의 역린이 무엇인지, 절친한 친구의 역린이 무엇인지, 아내와 남편의 역린이 무엇인지. 우리는 그 역린을 들추어내기보다 헤아리고 감싸줄 수 있는 자세가 필요하다. 틀림없는 사실이라고 하더라도 그것이 상대의 자존심을 크게 상하게 하는 것이라면 삼가야 한다. 상대방이 수치스럽게 생각하는 역린을 함부로 건드리면 결국은 큰 화를 입게 된다. 좋은 인간관계를 유지하기 위해서는 상대방의 역린을 잘 살피고 드러내지 않는 것이 중요하다.

〈정리〉

역린은 콤플렉스다. 사람들은 누구나 크고 작은 역린을 가지고 있다. 아무리 친한 관계라도 상대의 역린을 건드리게 되면 수치심을 느끼게 한다. 성공적인 인간관계를 원한다면 상대의 강점을 말하고 약점은 감춰주는 것이 좋다. 알고 보면 상대방의 약점이라는 것이 대부분 나와는 상관이 없는 것들이다.

〈삶으로 떠나는 질문〉

1. 당신은 상대의 역린을 장난삼아 들추어내는 일이 있는가?
2. 상대가 당신의 역린을 건드린다면 어떤 감정이 들겠는가?

〈리더십 발휘를 위한 제언〉

1. 아무리 친한 관계라도 자신이 생각하는 치명적인 약점이나 아픈 상처를 건드리게 되면 그 사람은 수치심과 분노를 느낀다.
2. 상대의 콤플렉스는 그 사람의 문제다. 아픔이 크면 상대가 갖게 되는 원한과 보복도 크다는 사실을 명심해야 한다.
3. 상사에게 소신 있게 행동한다고 절제되지 않는 직언을 하게 되면 역린을 건드리게 되어 직장을 잃을 수도 있다.
4. 소신이라는 자유를 행사하려면 그 일을 그만둘 준비가 되어 있는가? 여기에 자신 있게 'YES'라고 답하지 못한다면 입 다물고 있는 편이 낫다. 돈으로 자유를 살 수는 있지만 돈 때문에 자유를 팔 수도 있다.

대화의 흐름을
이어가려면?

대화의 흐름을 끊는 사람을 맥커터(脈+cutter)라고 한다. 개그맨 박명수는 갑자기 호통을 치며 대화의 맥을 끊어버리는 기술을 사용해서 웃음을 자아내기도 한다. 하지만 일상의 대화에서 맥을 끊는 행위는 대화의 단절을 가져오거나 상대를 어리둥절하게 만든다. 우리는 하루에도 수많은 사람을 만나고 대화를 한다. 그런데 어떤 사람과 대화를 하느냐에 따라 기분이 좋을 때도 있고, 벽을 보고 이야기하는 것처럼 답답한 느낌이 들 때도 있다. 왜 이런 현상이 발생할까? 맥커터의 대표적인 유형 6가지를 소개하겠다.

첫째, '네니오'형이다. 대화의 맥을 일관되게 끊는 '네', '아니오'로 답변하는 단답형 멘트 유형이다.

A : 국문학과 나오셨다고 들었어요.
B : 네.
A : 아, 그럼 혹시 11학번이세요?

B : 아니요.

이런 단답형 멘트는 확실한 자기표현이지만 대화 중에 이런 사람을 만나면 말문이 막힌다.

둘째, 마이웨이형이다. 오직 자기 갈 길만 가는 유형이다. 마치 독백을 하듯이 상대방이 어떤 반응을 보이든 상관없이 자기 혼자만 흥미로운 이야기 소재를 이어가며 상대방에게 할 말을 잃게 한다.

A : 이번에 두산이 우승했어!
B : 맞다 너 팬이랬지 나는 야구 잘 모르는데~ 암튼 좋겠다.
A : 이번에 부상 당한 선수가 많아서 걱정했거든. 우승 기대도 안 했는데. 대박이야.
B : 기분 좋을 만하네. 축하해.
A : 내가 제일 좋아하는 선수는 누구냐면~.

계속 꼬리 물며 자기 말만 한다. 이런 유형은 본인에게는 재미있는 주제일지 몰라도 듣는 이에게는 고역일 수 있다. 또한 한참 대화를 하다가 이미 다음 주제로 넘어갔는데도 "아참, 아까 내가 이 말을 안 했네?"라며 종전의 주제로 다시 돌아가는 경우도 마찬가지다.

셋째, 불통형이다. 본인이 항상 우선이라고 생각하는 유형인데 다른 사람의 이야기는 싹 무시하고 자기 할 말만 하는 경우다.

A : 이거 진짜 예쁘지? 나 이거 살까?
B : 야~ 대박! 지난주에 만난 남자한테 문자 왔어.

이런 유형은 상대를 무안하게 만들거나 무시 받는 느낌을 갖게 한다. 또한 대화의 주제에서 벗어나 다른 길로 빠지는 경우도 있다. 예를 들면 사업 제안을 위해 프레젠테이션 방향에 대한 회의를 하는데 좌중 어느 한 사람이 갑자기 "회의 끝나고 식사는 어디서 하지요? 주변에 맛집이 하나 생겼는데 가서 먹어보니 진짜 괜찮아요. 우리 그 식당에 가요!" 등과 같은 주제와 동떨어진 이야기를 하는 경우다.

넷째, 스포일러형이다. 자신이 모든 것을 다 알고 있다는 태도다. 예를 들면,

A : 대박! 내가 어제 오랜만에 학교 앞 카페를 갔는데~
B: 전남친 만났구만?
A : 응.

설령 알고 있다 하더라도 모른 척할 때가 필요하다. 대화에 관심을 가져주는 것은 좋지만 상대방이 어떤 이야기인지 귀를 기울여 주고, 알 것 같아도 대화의 흐름을 위해 잠시 참아주는 센스가 필요하

다. 또한 상대가 신나서 재미있게 말하는데 태클을 걸듯이 '나 그거 알아!'라고 말하는 경우다. 이러면 순간 김이 빠지면서 대화 분위기가 썰렁해진다.

다섯째, 회초리형이다. 상대방의 상황이 어떻든 앞뒤 가리지 않고 무조건 혼내는 유형이다.

A : 내 남자친구가 시간 좀 갖자고 하는데 헤어지자는 뜻일까?
B : 넌 항상 그런 식이야. 왜 그런 남자한테 휘둘려? 주도적으로 좀 살아봐. 내가 볼 때 제일 큰 문제는 바로 너야~.

이런 유형은 회초리의 일격을 받은 것 같아 당황스럽기 짝이 없다. 따뜻한 위로를 바랐는데 돌아오는 건 타박뿐이었기 때문이다.

여섯째, 기억상실형이다. 영화 〈내 머릿속에 지우개〉 같은 유형이다. 대화 중에 갑자기 할 말을 잊어버리는 유형이다.

A : 나 어제 웃긴 이야기 들었어. ㅋㅋ.
B : 아~그래? 말해 봐. 뭔데?
A : 뭐였더라?

이런 유형은 대화의 분위기를 답답하게 만들고 다운시킨다.

이처럼 대화의 흐름을 잘 타지 못하는 사람들의 특징을 보면 본인이 모든 것을 자기주도로 유도하겠다거나, 내 말은 맞고 네 말은 틀리다는 식의 사람들이다. 이런 사람들이 좌중에 끼어 있으면 대화는 단절되고 짜증이 난다. 혹시 대화의 흐름을 끊게 만드는 맥커터 유형을 보고 자신은 그런 경험이 없는지 곰곰이 생각해 보자.

그렇다면 대화의 흐름을 어떻게 잡는 것이 좋을까? 기본 대화법 세 가지를 소개하겠다.

첫째, 랠리를 즐기는 탁구의 '핑퐁원리'를 적용해보면 좋다. 랠리를 할 때는 상대를 배려하는 '핑'과 실수가 없도록 대처하는 '퐁'이 리듬감 있게 존재하면 된다. 만약 어느 한쪽이 자제력을 상실하고 저쪽에서 넘어온 공을 강하게 스매싱해버린다면 어떻게 될까? 상대는 멀리 굴러간 공을 주우려 여기저기 돌아다니게 될 것이고, 다시는 이 친구와 탁구를 치고 싶지 않을 것이다. 반면 '핑'하면 '퐁'하고 주고받는 핑퐁의 원리를 잘 적용하면 대화의 흐름은 순탄할 것이다. 좋은 대화는 이기고 지는 것이 문제가 아니라 재미있게 주고받으며 이어가는 랠리과정으로 보아야 한다. 상대방이 '핑' 하면 '퐁'하면서 주고받는 재미를 통해 서로가 즐거워지는 랠리가 필요하다.

둘째, 심리대화법인 리딩(leading)을 적용해본다. 리딩(leading)이란 대화의 서두에 질문이나 의견을 제시하여 자신에게 유리한 방향으로 대화의 방향을 잘 이끌어가는 것을 말한다. 예를 들어 신입사원에게 업무시스템의 조작법을 설명할 때 "이 시스템은 매우 간단하니까 쉽게 할 수 있을 거예요."라며 서두에 시스템이 간단하다는 리딩(leading)을 하면 상대방의 긴장을 풀어줄 수 있다. 질문을 할 때는 "어떤 일을 하세요? 주말에는 뭐 하세요?" 따위의 식상한 질문보다는 상대의 전공분야, 취미, 고민 등을 소재로 활용하는 것이 좋다. 예를 들어 상대가 증권회사에 다닌다면 '제가 재테크를 하려고 하는데 어떻게 시작하면 좋을까요?'라며 상대의 조언을 구하는 질문을 한다면 상대가 말을 술술 하게 될 것이다. 이때 상대는 자신의 생각을 말하면서 당신에게 친밀감과 호감도도 갖게 될 것이다.

셋째, '1고수 2명창' 원리를 적용한다. 소리꾼이 최고의 실력을 내기 위해서는 좋은 고수와 함께해야 한다. 고수가 장단을 잘 맞춰주고 추임새를 넣어주면 소리꾼은 자기가 원래 할 수 있는 실력 이상의 소리를 낼 수 있다. 그렇다면 어떻게 추임새를 넣으면 좋을까? 먼저, 내가 한 대답이 혹시 상대방의 맥을 끊고 있지 않은지, 내가 너무 말을 많이 하고 있지 않은지 살펴야 한다. 적당한 간격으로 눈을 맞추면서 내가 그의 말에 충분한 호감을 갖고 흥미 있게 듣고 있다는 반응을 보여줘야 한다. 많은 사람들은 좋은 명창이 되기를 원한다. 하지만 좋은 명창이 되기 전에 먼저 좋은 고수가 되어 대화의 판 전체의 흐름을 조절해 나가야 한다.

〈정리〉

대화의 흐름을 잡으려면, 맥커터가 되어서는 안 된다. 랠리를 위한 핑퐁식 대화, 대화의 서두를 질문으로 시작하는 Leading 화법, 1고수 2명창의 원리를 적용하면 대화의 흐름을 조절해 나갈 수 있다.

〈삶으로 떠나는 질문〉

1. 대화의 흐름을 차단되는 경우는 어떤 때인가?
2. 대화의 흐름을 이어가려면 무엇이 필요한가?

〈리더십 발휘를 위한 제언〉

1. 대화는 기술보다 태도가 중요하다.
2. 다름의 차이를 인정하면 갈등이 없어진다. 나 중심에서 상대 중심으로 무게 중심이 이동되어야 한다.
3. 세대 차이가 소통을 방해할 수 있다. 상대를 알고 눈높이에 맞는 대화를 해야 한다.
4. 맞장구는 좋은 대화를 유도할 수 있다.
5. 서로 마음을 열고 대화에 임해야 한다. 마음을 여는 만큼 대화의 깊이도 깊어진다.

짧은 스피치를
잘하려면?

평생교육시설의 교육과정을 보면 스피치 교육과정에 수강신청을 하는 사람들이 꾸준히 있다. 대중들 앞에서 자신의 생각을 조리 있게 표현하고 싶기 때문이다. 그런데 중간에 포기하는 사람들이 많다. 그 이유는 훈련과정에서 주어지는 주제 발표의 부담 때문이다. 우리는 직장, 모임, 행사 등에서 여러 주제를 놓고 토론하거나, 발표하거나, 보고하는 경우가 있다. 이 경우 자신에게 주어진 제한된 시간에 상대를 설득시키거나 공감을 유도해야 하기 때문에 일목요연하게 스피치를 구사하는 기술이 필요하다.

필자가 진행하고 있는 20시간 스피치리더십과정에 고급공무원(서기관)이 수강하러 온 적이 있다. 청중들 앞에서 자기소개를 하는데 유년기 시절엔 내성적 성격으로 인해 대인관계에 어려움이 많았다고 했다. 청년기 시절엔 이러한 성격을 극복하기 위해 나름대로 노력을 해왔으나 기대에 미치지 못했고 장년기에 접어들어서도 마찬가지였다. 특히 실무과장이란 직위 때문에 CEO에게 업무보고나 현안브리핑을 해야 할 때가 많았는데 그때마다 스트레스와 공포감이 심했고 부정적인 피드백을 받았다고 한다.

그는 본 과정에 참여하기 전 인터넷 매체와 유튜브를 통해 스스로 스피치 학습을 해 봤지만 성과가 없었다고 했다. 그래서 생전 처음 실전 훈련과정에 참여하게 되었고 이번 기회에 난관을 꼭 극복하고 싶다고 했다. 주 1회 실시하는 본 과정은 3개월 과정으로 20여 명이 수강하는데 학습자들이 매회 5분 주제발표를 한다. 그는 결석 없이 매회 출강했고 발표도 빼먹지 않았다. 어떤 때는 CEO에게 브리핑할 내용을 준비해 와서 연습브리핑도 했다. 실전 연습을 반복하는 과정에서 무대공포증이 점점 해소되어 가는 것을 볼 수 있었다. 그는 CEO에게 업무보고가 점점 편안해지기 시작했고 극복이 가능하다는 확신도 갖게 되었다고 했다. 3개월이면 종료되는 이 과정을 그는 1년 동안 계속 반복하여 수강했다.

스피치 훈련에 대한 그 학습자의 노력은 타 학습자들보다 훨씬 진지했고 강했다. 발음과 발성 훈련은 퇴근시간을 활용하여 광고판 읽기를 하면서 숙달했다. 그리고 학습장에서 발표 시에는 발표내용을 핸드폰으로 녹음하여 집에 가면서 듣고 교정하는 방법을 반복했다. 발표를 위한 예습은 준비한 내용을 학습장에 올 때 상상리허설과 소리를 내어 연습했다.

그가 본 과정을 마친 후 1년이 지날 무렵 그 학습자를 교육장으로 초청해서 학습자들과 선배와의 대화시간을 가졌다. 그가 그 자리에서 후배 학습자들에게 강조한 사항은 3가지다. 첫째, 실전과 같은 연습을 하라. 이는 소리 내어 연습하고, 거울을 보고 연습하고, 청중이 있는 상태에서 연습하는 것을 말한다. 둘째, 요구되는 성과는 반복연습횟수와 비례한다. 반복은 다른 어떤 것보다 최고의 스피치 기법이다. 셋째, 자신에게 긍정적인 피드백을 하라! 발표 전 부정 상 상을 하지 말고, 발표 후에도 자신의 실수에 대해 관대해져야 한다. 자신에 대한 부정적인 피드백은 트라우마로 작용되어 발표라는 환경에서 공포심을 유발할 수 있다.

그는 지금 어떤 환경에서도 스피치를 잘 할 수 있게 되었고 자신 감도 충만하다고 했다. 이 과정을 지켜보면서 필자가 느낀 소감은 필자의 기법전수가 50%라면 나머지는 그 학습자의 순수한 노력이었다는 것을 확신했다.

미국 윌슨 대통령은 "1시간을 진행하는 스피치는 준비할 필요가 없고, 10분 스피치는 한나절의 준비가 필요하며, 5분 스피치는 하루 한나절이 필요하다."라고 말했다. 한정된 시간에 발표할 내용을 일목요연하게 정리하는 데 따른 어려움에 대해 말한 것이다.

일반적으로 프레젠테이션의 경우 통상 10분 내외의 짧은 시간을 활용하여 상대가 원하는 내용을 전달하는 경우가 많다. 짧은 스피치는 5분 스피치, 독서토론, 요약보고, 상황보고, 건배사 등 다양한 상황에서 이루어질 수 있다.

짧은 스피치에서도 논리가 있어야 한다. 서론-본론-결론, 팩트 (fact)-근거-주장, 과거-현재-미래, 정(正)-반(反)-합(合), 현 실태-문제점-발전방향 등의 논리구조가 적용된다. 요즘은 두괄식 표현으로 결론-본론-결론의 구조도 많이 활용된다. 짧은 스피치에서 가장 경계해야 할 부분은 오프닝 부분이다. 주어진 시간을 오프닝에 열중한 나머지 정작 본인이 전달하려는 핵심내용이나 결론을 시간에 쫓겨 확실하게 전달하지 못하거나 주어진 시간을 초과하여 다음 발표자나 청중들에게 적잖은 부담을 주는 경우도 있다. 예를 들어 5분 발표 주제를 서론-본론-결론 순으로 해야 한다면 다음과 같은 방법으로 준비하면 좋다.

첫째, 오프닝(서론)이다. 이 부분은 1분 정도가 적당하다. 진행은 인사→(필요 시주제와 연관된 질문)→주제 제시→청중의 얻게 될 이익 순으로 전개한다. ①인사는 일어서자마자 고개를 숙이면서 '안녕하십니까?'라고 하면 안 된다. 청중들이 박수 칠 타이밍을 잃어버리기 때문이다. 인사요령은 짧은 멘트(예: 안녕하십니까, 스피치와 연애하고 싶은 남자 000입니다)를 마친 후 고개를 숙여 인사한다. 그러면 모든 청중들이 타이밍에 맞춰 박수를 보내게 된다. ②인사가 끝나면 청중들에게 주제와 연관된 질문을 던질 수도 있다. 예를 들어 "00님은 스피치의 비결은 무엇이라고 생각하십니까?"이다. 질문은 효과적으로 청중들을 집중시킬 수 있다. 왜냐하면 나에게도 같은 질문을 할 수 있다고 생각하기 때문이다. 이때 청중이 질문에 답을 하게 되면 감사의 피드백을 해주어야 한다. ③다음은 발표하게 될 주제를 단도직입적으로 말한다. 이런 것을 두괄식 표현이라고 한다. 예를 들어 "저는 지금부터 여러분들에게 '짧은 스피치의 비결'에 대해 이야기하려고 합니다."이다. 이럴 때 청중들은 "아~ 저 사람이 지금부터 스피치에 대해 말을 하려고 하는구나!"라고 인식하면서 관련 주제를 연상하며 듣게 된다. 하지만 주제를 꺼내려고 배경이나 근거 등을 장황하게 늘어놓으면 청중들은 답답해한다. 상급자들은 이렇게 대꾸할 수도 있다. "그래서 주제가 뭐야? 혹은 결론이 뭐야!"이다. ④청중이 얻게 될 이익을 말한다. 예를 들어 "제 발표가 끝나는 5분 후면 여러분들은 스피치를 잘하는 3가지 비결을 공유하게 될 것입니다."이다. 이 부분은 관심과 기대를 증폭시킬 수 있다.

둘째, 본론 부분이다. 이 부분은 3분 정도 진행한다. 오프닝이 '무엇을'이었다면 본론에서는 '왜', '어떻게'를 설명한다. 예를 들면, 지금부터 스피치를 잘 하는 비결 세 가지를 말씀드리겠습니다. 먼저 발표할 내용을 꼼꼼히 준비해야 합니다. 그 이유는~때문입니다, 예를 들면~이렇습니다. 다음은 발표할 내용을 가지고 실전처럼 반복해서 연습해야 합니다. 그 이유는~때문입니다, 예를 들면~이렇습니다. 마지막으로 반드시 하고야 말겠다는 용기를 가지는 것입니다. 왜냐하면~~때문입니다, 예를 들면~이렇습니다.

셋째, 결론 부분이다. 이 부분은 1분 정도 진행한다. 결론은 청중의 생각을 바꾸게 하거나 행동을 유발할 수 있도록 설득하는 마지막 기회다. 하지만 대부분의 경우 시간에 쫓긴 나머지 마무리를 여유있게 진행하는 경우가 드물다. 결론을 내리는 방법은 ①결론을 내린다는 신호를 보여주는 문구를 사용해야 한다. 예를 들어 "이제부터 마무리를 하려고 합니다, 결론입니다." 등이다. 청중에게 발표가 막바지에 다다랐다는 신호를 보내게 되면 결론에 대한 집중도가 높아진다. ②본론에서 강조했던 핵심 메시지를 다시 한번 강조해 준다.

이때는 문장 사이에 멈춤 기법이나 한 구절씩 천천히 스타카토를 주면 더 효과적이다. 이 기법을 사용하면 발음. 다음 말의 강조, 청중의 집중, 자신감 효과를 동시에 어필할 수 있다. ③실행에 대한 요구를 한다. 쉬운 것부터, 절박한 것부터 하나하나씩 실천하라고 요구한다. 어려운 것을 처음부터 실천할 것을 강조하게 되면 실행에 대한 동기부여가 잘 안 된다. ④전체 내용을 아우를 수 있는 캐치프레이즈나 명언, 속담 등을 활용하면 좋다. 이는 핵심메시지를 청중들의 마음속에 기억되게 할 수 있는 좋은 방법이다. 마지막으로 서론 때와 같이 멘트 후 목례를 하면서 박수를 유도한다.

발표가 끝나고 제 자리로 돌아올 때는 도망치듯이 발표 자리를 이탈하지 말고 한 사람 한 사람씩 눈을 맞추고 감사의 눈빛을 보내며 자리로 와서 앉는다. '지행합일(知行合一)'이라는 고사성어가 있다. 아는 것과 행동은 함께 가야 한다는 말이다. 스피치는 이해를 통해서 얻을 수 있는 것이 아니다. 실전과 같은 반복 연습이 매우 중요하다. 연습을 통해서 체득화가 될 때 자신감은 물론 다양한 상황에 대응할 수 있는 조건반사적인 행동도 나올 수 있기 때문이다.

〈정리〉

스피치를 잘하기 위한 가장 좋은 연습방법은 '반복'이다. 반복의 횟수는 스피치의 질과 비례한다. 짧은 스피치라도 논리구조를 적용해야 한다. 핵심메시지는 캐치프레이즈, 속담, 명언, 대구법 등을 활용하면 매우 효과적이다.

〈삶으로 떠나는 질문〉

1. 논리구조를 형성하기 위한 방법들은 무엇인가?
2. 오프닝-본론-결론의 적절한 시간 안배는 어떻게 하면 좋은가?
3. 스피치를 마치고 난 후 유념해야 할 행동은 무엇인가?

〈리더십 발휘를 위한 제언〉

1. 아는 것과 행동은 함께 가야 한다. 스피치는 이해가 아니고 반복이다.
2. 스피치는 다양한 상황에서 조건반사적인 행동이 요구된다. 조건반사는 반복에서 나온다.
3. 결론을 소홀히 하지 마라. 결론은 청중의 생각을 바꾸게 할 마지막 기회다.
4. 발표는 박수로 시작하고 박수로 마칠 수 있도록 대응하라.

남녀 리더십의
차이를 이해하라

　요즘은 남녀 사고방식의 차이를 솔직하게 논의하기가 쉽지 않다. 그래서 성차별 논란을 피하기 위해 우회적으로 돌려 말하기도 한다. 자칫 성희롱의 대상이 될 수도 있기 때문이다. 그러나 분명한 것은 남성과 여성은 뇌부터 서로 다르게 설계되어 있다. 2009년 마이클 거리안과 바버라 애니스는 그의 저서, 『회사 속의 男과 女 그 차이의 심리학』에서 뇌 속에서 남녀의 차이를 과학적인 접근방법을 통해 발견한 중요한 단서를 제공했다. 그는 남녀관계의 특성을 20년 이상 기업 현장에 적용하여 남녀가 균형과 조화를 통해 기업의 경쟁력을 최고로 만들 수 있는 방법을 창안해 낸 것이다. 이 책에는 리더의 역할에 초점을 맞춰 남성과 여성의 행동 차이를 다음과 같이 서술하고 있다.

　남성리더는 짧은 순간의 활동을 통해서도 동료들과의 유대감이 형성되고, 명령하달, 정형화된 사고, 반복적 행동을 통해 조직을 이끌어 나간다. 그리고 실적을 높이겠다는 일념에 사로잡혀 감정을 무시하고, 규율을 강제하고, 동료들에게 개인적 집단적 취약성에 맞서

싸우도록 가르친다.

여성리더는 항상 호기심을 갖고 사람들과 대화를 시도함으로써 동료와 유대감을 형성한다. 그리고 동료에게 실질적으로 도움이 될 수 있는 것을 최대한 많이 제공하려고 한다. 여러 가지를 한 번에 할 수 있는 복잡한 활동이나 팀 개발을 중요시한다. 사람들 특히 남성들이 감정을 표현할 수 있도록 끊임없이 유도하기도 한다. 누군가 마음에 상처를 입었을 경우에는 현재 진행 중인 다른 목표들에 차질이 생기더라도 그 사람과 직접적으로 공감할 수 있는 방법을 찾는다. 격려와 칭찬을 많이 해줌으로써 동료의 능력과 재능 개발을 촉진하고, 동료가 정서적 고충과 스트레스를 해결할 수 있도록 도와주려고 한다는 주장을 했다.

이와 같은 남녀의 특성을 이해하면 서로가 적절한 타협점을 찾아서 팀에 도움이 되는 방향으로 활용할 수 있다. 한편 이러한 성별의 차이를 인식하지 못하면 조직운영에서 위험에 빠질 수도 있다.

심리학자인 어가일과 인검은 남녀 간의 시선행동에도 차이가 있다고 했다. 비교결과에 의하면, 두 사람이 서로 쳐다보는 시간의 비율은 여성끼리가 제일 많고, 남성끼리가 가장 적었다. 그리고 남성은 상대 여성에게 시선을 자주 주는 반면, 여성은 상대 남성에게 시선을 잘 주려고 하지 않았다. 왜 동성의 경우와 다를까? 그것은 이성에게 시선을 준다는 것은 상대에게 자신의 내면을 보여주게 될 가능성이 높아지기 때문이다. 자신이 어떻게 평가될 것인가 하는 염려가 뒤따르기 때문이다. 여성은 상대방이 남성인 경우에 이 염려가 더욱 강하게 작용하여 시선을 피하는 것으로 여겨지고, 남성은 자신의 관심을 곧장 여성에게 나타내고 있는 것이라 볼 수 있다. 남성은 의도적, 의식적인 작용에, 여성은 감정적, 무의식적인 작용에 비중을 두고 시선을 준다. 그렇기 때문에 여성은 상대방의 아주 사소한 시선이나 몸짓에 민감하다. 그러므로 상대방에게도 그런 점을 기대한다. 그러나 남성은 감정을 전달하는 커뮤니케이션이 여성보다 서툴기 때문에 여성의 그러한 기대를 눈치채지 못한다. 여성은 이 눈치가 둔한 남성 때문에 화가 나게 되는 것이다. 인간관계를 잘 유지해 나가기 위해서는 남성도 이러한 커뮤니케이션에 더욱 익숙해질 필요가 있다. 남성은 사실을 보고 여성은 진실을 보는 경향이 있다. 남성은 매우 강한 것 같지만 사실은 단순하고 여성은 독한 것 같지만 사실은 분위기에 약하다.

우리는 가까운 사람일수록 같은 생각을 하고 같은 마음이기를 바란다. 그러다보니 상대가 내 맘과 같지 않다고 서운해 하고 자신의 뜻대로 해주지 않는다고 원망한다. 남자는 결혼 전 사랑하는 여자가 생기면 그녀를 위해 모든 것을 다 해줄 것 같이 행동한다. 그런데 막상 결혼을 하게 되면 그 마음은 서서히 감소한다. 결혼 후 남자가 이렇게 변하는 이유는 사랑하는 여자와 결혼하려는 목적을 이미 달성했기 때문이다.

우리나라 이혼사유를 보면 많은 이유들이 있는 데 그중에서 성격차이가 압도적인 비율을 차지하고 있다(2018. 통계청자료). 이는 남녀의 특성을 이해하지 못한 결과이다. 남녀가 다르다는 것을 결혼 전에 배웠다면 이러한 결과는 나오지 않았을 것이다. 좋은 관계를 유지하려면 남녀의 차이를 이해해야 한다. '왜 내 생각과 다른 거야? 왜 그런 생각을 하는 거야? 왜 그런 행동을 하는 거야?'보다는 '아~ 그럴 수도 있겠구나! 나는 이런데 너는 그렇구나!'라는 역지사지 마음이 필요하다.

일상생활에서 부부의 대화도 들여다보면 많은 차이가 있다. 아내는 남편의 잘못된 행동을 평생을 두고 기억하며 안 좋은 상황이 올 때 곱씹게 된다. 이럴 때 남편은 오래전 이야기를 왜 또 하냐며 그 자리를 회피하려고 한다. 부부관계는 숟가락과 젓가락 같은 관계다. 국물은 젓가락으로 먹기 힘들고 반찬은 숟가락으로 먹기 힘들다. 부부는 상호 보완적인 관계가 되어야 한다.

남편들은 아내들이 대화를 할 때 보통 잔소리를 하는 것처럼 말한다고 한다. 그래서 남편들은 잔소리가 싫어서 그 자리를 일단 피하려고 하거나 주제를 타 방향으로 전환하기도 한다. 그러면 아내는 남편을 '대화를 회피하는 사람'이라고 단정을 짓는다. 문제가 있는 부부는 '고맙다, 감사하다, 행복하다'라는 호의적인 반응보다는 보통 '뭘 못했다, 뭘 안 했다, 관심이 있느냐' 는 등 지적을 주로 한다. 이런 소리를 지속적으로 듣다보면 그 말이 틀린 말은 아니지만 대화 자체가 그냥 싫어진다. 사실 잔소리를 하는 아내의 이야기를 듣다보면 사실 질리기도 한다. 남편들은 똑똑하고 합리적이고 지성적인 아내보다 포근하고 넉넉하며 너그러운 아내를 기대한다. 잘못한 것을 잘못했다는 지적은 누구나 할 수 있다. 지적 위주의 대화보다 사랑으로 감싸면서 격려해 주는 아내가 되어야 한다.

　부부간 대화의 기술은 배려의 마음에서 싹튼다. 남자는 이성적이고 일 중심이라 배려와는 다소 거리가 멀다. 그래서 필요한 말만 하려 하고 군더더기가 있는 말은 듣기 힘들어한다. 늘 결론을 요구하고 빠른 스피드를 요구하는 환경에 습관화된 탓이다. 남편들은 쓸데없는 이야기가 시간 낭비라고 생각한다. 남편은 서두부터 주제를 가지고 이야기하지만, 여자는 이야기를 하다가 주제를 찾는다. 요약해서 짧게 말할 수 있는 내용을 장황하게 늘어놓는다. 아내는 배려받고 싶고 많은 대화시간을 가지고 싶고 앞집 이야기나 드라마 이야기도 나누고 싶어 한다. 아내는 그런 시간이 친밀감을 위한 나눔의 시간이라고 생각한다. 남자는 싸우고도 잠을 쉽게 자지만, 여자는 쉽게 잠이 들지 못하고 끝까지 마무리해야 한다. 이것이 대부분의 부부 대화 과정이다. 이런 차이 때문에 부부 갈등이 일어나기 시작한다. 나와 다른 상대를 인정하는 것을 존중이라고 한다. 나와 다른 상대를 인정하고 이해하는 것이 남녀 간 관계 맺기에서 가장 기본적인 태도이다.

〈정리〉

남성과 여성은 뇌부터 서로 다르게 설계되어 있다. 남녀의 특성을 이해하면 서로가 적절한 타협점을 찾아서 팀에 도움이 되는 방향으로 활용할 수 있다. 한편 이러한 성별의 차이를 인식하지 못하면 조직운영이나 부부관계에서 위험에 빠질 수 있다. 나와 다른 상대를 인정하는 것을 존중이라고 한다. 나와 다른 상대를 인정하고 이해하는 것이 남녀 간 관계 맺기에서 가장 기본적인 태도이다.

〈삶으로 떠나는 질문〉

1. 리더십 관점에서 남성과 여성의 차이는 무엇인가?
2. 부부생활에서 대화의 차이는 무엇인가?
3. 남녀 간 대화 시 갈등을 제거하려면 어떻게 해야 할까?

〈리더십 발휘를 위한 제언〉

1. 남녀의 리더십의 차이를 이해하고 요구되는 상황에 적절히 대응하라.
2. 부부관계는 숟가락과 젓가락처럼 상호 보완적인 관계가 되어야 한다.
3. 남녀 대화 시 최고의 기술은 '역지사지'임을 명심하라.

2통

당신의 관계는
안녕한가?

세상에는 세 가지 종류의 '관계'가 있다.
바로 나 자신과의 관계, 타인과의 관계, 공동체와의 관계이다.
이것은 모두 사슬로 연결되어 있고,
각각 서로에게 영향을 미친다.
'말'은 자신이 그 세 부분과 어떤 방식으로 상호작용하는지를
보여주는 가장 확실한 도구이다.

3달

관계리더십

우리는 자의든 타의든 사회 구성원들과 관계를 맺으면서 성장해 간다. 이러한 인간관계는 가정-학교-일터의 진행과정을 거치면서 점차 확대된다. 태어나서는 부모님과 가족, 학교에서는 친구와 선생님, 그리고 일터에서는 이해관계자들과 관계를 맺고 있다. 이런 과정을 통해 지금까지 관계라는 연습을 해왔음에도 불구하고 우리 인간관계는 여전히 서툴다. 좋은 관계를 맺으려면 우선 내가 타인에게 어떻게 보이는지 알아야 한다. 나를 돌아보며 관계를 결심해야 한다.

우리의 인간관계의 스킬만으로 상대에게 다가간다면 어색하고 불편할 수 있다. 내 속에 있는 감정이나 생각을 상대에게 진정성 있게 보여주어야 한다. 그래야 타인을 이해하게 되고, 타인과 공감하게 되고, 나아가서는 상호 신뢰 관계가 형성된다. 만난 횟수, 대화시간이 많아도 거리감이 있는 이유는 마음의 문을 열지 않았기 때문이다.

먼저 마음을 열고 다가갈 용기가 필요하다. 내가 먼저 나를 표현하고 솔직하게 드러내서 타인에게 속마음을 열게 하자.

한편 타인과의 관계만이 아닌 자가 자신과의 관계도 잘해야 한다. 공자님께서 논어에서 말씀하신 '혼자 있을 때 조심하라'는 말이 있다. 이 말은 모든 일에는 목격자가 있다. 혼자만 하는 일이라도 자신의 행동은 늘 자신이 지켜보고 있다. 아무도 보고 있지 않다고 생각하면 마구 행동하는 경향이 있다. 자신이 마구 행동하는 것을 자신이 보고 알게 되면 스스로를 믿지 못하고 존경하지 못하게 되며, 자부심과 자신감도 없어진다.

관계의 출발은
자기존중

    사람들은 대개 관계의 출발을 '상대존중'에서 시작된다고 인식하고 있다. 그리고 칭찬의 대상도 '나'가 아닌 '남'이라는 사실에 초점을 맞추고 있다. 이런 인식이 틀린 것은 아니다. 그러나 필자는 관계나 칭찬에 있어서 중요한 것은 '남'뿐만 아니라 '나'도 중요하다고 주장한다. 모든 관계의 출발은 '자기존중'에서 시작되어야 한다. 내가 나를 존중하고 칭찬하는 것은 모든 관계의 출발이며, 기본 바탕이 된다.

    자기 자신을 귀하게 여기지 않으면 승진을 하고, 돈을 벌고, 사회적으로 성공하더라도 진정으로 만족하지 못한다. '자기존중'이란 자신을 소중하게 생각하고 정성스럽게 대하는 것이다. 사람은 누구나 존중받을 권리가 있다. 자기존중은 자신을 가치 있는 존재로 느끼게 하여 자발적이고 창의적으로 잠재능력을 발휘하게 한다. 그리고 자아 존중감이 높은 사람은 자기 자신이 매우 중요한 존재이고, 무엇이든 지 할 수 있다고 생각한다. 그래서 어떤 일을 맡기면 성공할 확률도 높다.

    수업 시 발표과제를 진행하다 보면 무대공포를 심하게 느끼는 사람들이 있다. 무대공포는 여러 가지 심리적인 요인들이 있다. 그러나 가장 영향을 미치는 것은 바로 자신감 결여다. 이는 긍정 상상보다는 부정 상상이 마음속을 지배하고 있기 때문에 나타난 현상이다.

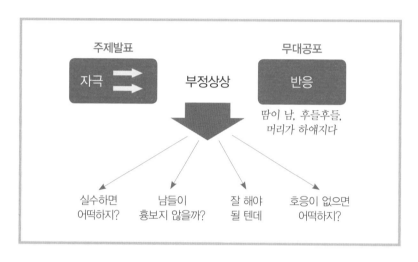

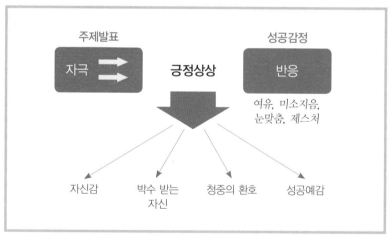

발표라는 자극이 오면 그에 대한 반응으로 '잘 할 수 있을까? 실패하지 않을까? 남들이 흉보지 않을까?' 등의 부정 상상이 나타난다. 그리고 이때의 발표 실수는 트라우마로 작용하게 되어 쉽게 치유되지 않는다. 그러나 자기존중감이 높은 사람은 부정 상상보다 긍정 상상이 마음을 지배한다. 발표라는 상황에서 실수를 하더라도 다음에는 잘 할 수 있을 것이라는 생각을 하면서 학습상황에 빠르게 적응 해 나간다.

서울아산병원 정신건강의학과 김병수 박사는 3040 직장인심리처방전이라는 강의에서 다음과 같이 말했다. 자존감이 낮은 사람들의 마음속에는 자신의 가치를 존중하지 않은 '4D'가 숨어 있다고 했다. Defeated 패배했다. Defective 결함이 있다. Deserted 버림받았다. Deprived 박탈당했다. 이런 생각이 지배적이면 나는 패자가 아니다 또는 결함이 있는 사람이 아니라는 것을 증명하기 위해서만 일을 하게 된다고 했다. 이 경우 자기 자신 그리고 자신이 하고 있는 일 그 자체를 사랑하는 것이 아니라 일을 통해서 스스로 문제없는 사람임을 증명하려고 한다. 그러다 조그만 실수라도 생기면 "아, 역시 나는 결함이 있구나. 사람들은 이런 나를 싫어할 거야. 나는 버림받게 될 거야."라는 연쇄적인 생각의 흐름 속에 빠져들게 된다고 했다. 그래서 '실패'라는 자극에 대해 무척 예민해질 수 있다. 그러다 보니 또 다시 실패하면 어쩌지 하는 불안한 마음과 '나는 실패할 가능성이 높은 사람이야'하는 자기 능력에 대한 불신이 마음 깊은 곳에 똬리를 틀고 있다가 불쑥불쑥 튀어나와 자기를 괴롭히는 것이다.

겉으로는 잘나 보여도 자기 존중감이 없는 사람은 채워지지 않는 공허함 때문에 홀로 자기 자신을 대면하는 시간을 두려워하거나 술에 의지하는 경향이 있다. 이런 사람은 돈으로, 사회적 지위로, 권력으로 자기 존재감을 과시하려는 욕망에 휘둘린다. 즉 자기존중이 아니라, 허위존중(pseudo-esteem)에 매달리게 되는 것이다. 그러나 허위존중은 오래 지속되지 않고 쉽게 깨지는 법이다.

지금 나는 내 자신에 대해서 어떤 생각을 갖고 있는가? 나의 가치를 제대로 평가하고 있는가? 나의 가치를 제대로 존중하고 있는가? 자기 자신에게 물어보라. 주변 사람들이 나를 어떻게 생각하는가를 따지기 전에 나 자신은 스스로를 존중하고 있는가를 먼저 생각해 보라.

자기존중감이 형성되면, 함께 존중하며 사는 사회를 형성하기 위해 타인을 존중하는 태도가 있어야 한다. 그리고 구성원의 다양성을 이해하고, 스스로 겸손하고, 구성원들을 포용해야 한다. 내가 대우를 받기 위해서는 남을 존중할 줄 알아야 나와 함께 살아가는 관계를 만들 수 있다. 다른 사람에게도 아름다운 심성을 갖고 대할 때 이것이 바로 사람답게 살아가는 길이 된다.

파울로 코엘료의 소설 『흐르는 강물처럼』에 나오는 문장 하나를 소개하겠다. "당신이 이 돈에 무슨 짓을 했든 그건 상관이 없다. 이것은 여전히 20달러짜리 지폐니까. 우리도 살면서 이렇게 구겨지고 짓밟히고 부당한 대우를 받고 모욕을 당할 수도 있다. 그러나 그 모든 것들에도 불구하고 우리의 가치는 변함이 없다."

안도현이 쓴 『연어』라는 책에 징검다리가 등장한다. 징검다리는 인간들에게 짓밟히면서 살아가고 있다. 그런 징검다리에게 묻는다.

"인간들이 짓밟는데 아프지 않아?"

"응. 나는 짓밟히지 않으면 살아갈 이유가 없어. 나는 사람들의 발걸음을 옮겨주는 일을 하고 있거든. 그가 짓밟히면서도 즐거워하는 것은 살아가는 이유가 분명하고 물의 흐름을 막지 않으면서 인간을 건너게 해주는 것이 사는 목적이기 때문이야."

징검다리는 그러함으로써 존재하는 것이라고 분명히 말한다. 자기를 비하하는 마음이 들 때, 그리고 자신이 비참하게 생활을 하고 있다고 여겨질 때마다 징검다리를 마음속으로 새겨 보자.

〈정리〉

모든 관계의 출발은 '자기존중'에서 시작되어야 한다. 내가 나를 존중하고 칭찬하는 것은 모든 관계의 출발이며, 기본 바탕이 된다. 자아 존중감이 높은 사람은 자기 자신이 매우 중요한 존재이고, 무엇이든지 할 수 있다고 생각한다. 그래서 어떤 일을 맡기면 성공할 확률도 높다.

〈삶으로 떠나는 질문〉

1. 지금 나는 내 자신에 대해서 어떤 생각을 갖고 있는가?
2. 나는 지금 나의 가치를 제대로 평가하고 있는가?
3. 지금 나는 나의 가치를 제대로 존중하고 있는가?
4. 주변 사람들이 나를 어떻게 생각하는가를 따지기 전에 나 자신은 스스로를 존중하고 있는가?

〈리더십 발휘를 위한 제언〉

1. 관계나 칭찬에 있어서 중요한 것은 '남'에게 뿐만 아니라 '나'에게도 필요하다는 사실을 명심하라.
2. 무대공포를 극복하려면, 발표라는 상황에서 부정 상상을 하지 말고 긍정 상상이 마음을 지배할 수 있도록 하라.
3. 자기 존재감을 과시하기 위한 허위존중에 유의하라.
4. 자기 자신을 귀하게 여기지 않으면 승진을 하고, 돈을 벌고, 사회적으로 성공하더라도 진정으로 만족하지 못한다.

타인과의 관계에서
나를 찾다

　우리는 타인과의 관계에서 '나는 나를 얼마나 알고 있을까? 나는 타인을 어떻게 바라보고 있을까? 타인이 나를 어떻게 바라보는지 알려면 어떻게 해야 할까?'라는 세 가지 관점에서 생각하게 된다. 이런 관점에서 볼 때 관계에 대한 갈등은 나에 대한 무지와 상대에 대한 오해에서 비롯됨을 알 수 있다. 이런 문제가 해결되면 관계 맺기에서의 갈등은 해소될 수 있다.

　첫째, 나는 나를 얼마나 알고 있을까? 우리는 스스로를 당연히 잘 안다고 생각한다. 그래서 나를 알아야 한다는 것 자체를 인식하지 않고 살아왔다. 그러나 시대와 환경이 점차 풍요로워지면서 점차 자아의 존재를 인식하기 시작했다. 하지만 알려고 할수록 계속 부족한 느낌이 드는 건 왜일까? 스스로도 잘 모르니 우리의 행동이 타인에게 어떤 느낌과 감정을 일으키는지는 당연히 알 수가 없다.

　우리 스스로를 알아야 하는 이유는 또 있다. 한두 번을 만나고도 내가 만든 고정관념으로 인해 저 사람은 어떠한 사람이라고 정의 내려 버리곤 한다. 그렇게 되면 상대의 의도가 그게 아니더라도 내 눈에는 계속해서 그렇게만 보이기 일쑤다. 이렇게 되면 타인의 의도와 내가 받아들이는 차이가 커지면서 오해가 발생하게 된다. 몇십 년을 함께한 나 자신도 잘 모르는데 한두 번의 만남으로 상대를 판단하는 것은 얼마나 상호 간 관계를 치명적으로 만드는 것인지 알 수 있다.

둘째, 나는 타인을 어떻게 바라보고 있을까? 여전히 우리는 나 자신을 잘 모르면서 타인을 잘 안다고 생각한다. 살면서 겪은 고정관념, 편견이 나도 모르는 사이에 자리를 잡고 있다. 그리고 내가 싫어하는 모습을 타인에게서 찾는다. "저 사람 이런 사람이래, 저런 사람은 맘에 들지 않아, 저런 사람은 문제가 많아" 등 자기만의 프레임을 형성한다. 내가 가진 모습의 일부인데 인정하고 싶지 않은 특성 때문이다. 사람들은 자기 안의 어떤 모습이 싫으면 그 모습을 스스로 바꾸려 하지 않고 그 모습을 하고 있는 다른 사람들을 바꾸려 하는 경향이 있다.

내가 감추고 싶은 모습을 가진 상대를 보면 괜히 마음에 들지 않을 때가 있다. 왜 저런 행동을 할까? 왜 저렇게 말할까? 등등 사소한 것들이 미워 보인다. 사사로운 이유로 타인을 밉게 보기 전에 내가 저런 모습을 하고 있지 않나 돌아볼 필요가 있다.

어떤 사람이 맘에 들지 않는 것은 과거 경험에 의해 나를 판단하는 경우다. 예를 들어 과거에 권위적인 아버지와 관계가 좋지 않았다면 조직에서도 유사하게 권위적인 모습을 보이는 상사나 동료들에게 비슷한 점을 느끼게 된다.

어떤 사람과 좋은 관계를 유지하려고 하는데 지인이 나타나 그 사람에 대한 부정적인 견해를 밝히면 그 사람을 다른 방향에서 보게 되고 관계에도 영향을 미친다. 타인의 견해를 무비판적으로 수용하는 것은 바람직하지 않다.

셋째, 타인이 나를 어떻게 보는지 알려면 어떻게 해야 할까? 나를 상대에게 드러내야 알 수 있다. 상대에 대한 내 생각과 감정을 상대에게 드러내지 않고는 관계 맺기가 쉽지 않다. 그동안 얘기하지 않았던 생각과 감정을 꺼내어 보이면 상대가 반응하게 되는데 이 반응을 통해 상대와의 관계를 확인할 수 있다. 즉 내가 알지 못했던 나의 모습을 상대의 반응을 통해서 알 수 있다. 나를 돌아보며 타인과의 관계를 결심해 보자.

"내가 너를 모르는데 너는 나를 알겠느냐? 한 치 앞도 모두 몰라, 다 안다면 재미없지~" 김국환의 노래 〈타타타〉의 첫 구절 가사다. '타타타'라는 말은 산스크리트어로 '그래 그거야'라는 뜻이다. 그렇다. 좋은 관계를 맺으려면 나 자신에 대한 능력을 먼저 알고, 내가 타인에게 어떻게 비치는지 알아야 한다.

내가 싫어하는 동료와 갈등을 맺게 되면 심리적, 관계적 업무적 측면에서 나에게 어떤 영향을 미치는지 판단해보아야 한다. 그리고 나를 한 번 돌아봄으로써 상대와의 관계가 좋아졌을 때 어떤 점이 달라지며, 그로 인해 어떤 좋은 효과를 미칠지 비교해 보면 좋다. 나를 한 번 돌아보며 타인과의 관계를 결심하자.

조지 워싱턴은 이렇게 말했다. "진실된 우정이란 느리게 자라나는 나무와 같다"고 말했다. 큰 나무가 하루아침에 자라나지 않듯이 좋은 인맥과 큰 우정 역시 오랜 세월에 걸쳐 아주 천천히 자라난다. 따라서 사람들과 좋은 관계를 맺으려면 무엇보다도 오랫동안 정성을 기울여야 한다. 서로가 마음을 열어가는 과정도 마찬가지다.

서로가 마음을 개방하려면 두려움, 갈등, 염려, 불신 등이 함께 나타난다. 이것을 극복하려면 '그럼에도 불구하고 한다.'라는 진정한 용기와 어떤 말과 행동이 지속적, 반복적으로 확인되어 신뢰감이 형성되어야 한다.

영국 출신의 전설적 록밴드 퀸과 리드 보컬 프레디 머큐리의 일대기를 그린 영화 〈보헤미안 랩소디〉에서 나온 부자지간을 보자. 프레디 머큐리의 부모는 인도인이지만 조로아스터교를 믿는 페르시아 혈통의 공무원이었다. 조로아스터교는 선한 생각과 말, 행동, 그리고 인간 자유의지를 통해 인간이 행복해질 수 있다고 믿는 종교다. 영화에서도 프레디 머큐리의 아버지는 아들에게 "좋은 생각, 좋은 행동, 좋은 말"을 주문처럼 되뇌었고 좋은 직장을 갖기를 원했다. 아들의 행복을 돕기 위한 주문이었지만 부자지간 관계는 갈등의 연속이었다. 아버지가 원하는 것과 본인이 원하는 것이 서로 달랐기 때문이다. 어느 날 그런 주문을 하는 아버지에게 프레디 머큐리는 '그 방식대로 살아서 아버지는 지금 이런 모습인가요?' 반항 섞인 말을 하면서 가출을 했다. 그는 열심히 노력하여 가수로서 크게 성공했지만 자기관리를 철저히 하지 못해 질병과 고독의 시간을 보내다가 45세의 나이로 사망했다. 세상의 기준이 나의 행복을 보장해주지 않는다. 내가 원하는 것을 스스로 찾아야 한다. 인생의 의미는 내가 원하는 것을 스스로 선택해서 실행해 가는 과정이다. 사회의 통념에 함몰되어 자신에게 주어진 소중한 시간을 헛되이 보내서는 안 된다. 하지만 자기의 프레임에 빠져서 주변을 살피지 못하거나 일과 삶의 균형이 깨지면 성공감정이 행복으로 이어지는 데 한계가 있다.

〈정리〉

우리는 타인과의 관계에서 '나는 나를 얼마나 알고 있을까? 나는 상대를 어떻게 생각할까? 상대가 나를 어떻게 생각하는지 알려면 어떻게 해야 할까?'라는 세 가지 관점에서 생각하게 된다. 관계에 대한 갈등은 나에 대한 무지와 상대에 대한 오해에서 비롯된다. 우리는 나 자신을 잘 모르면서 타인을 잘 안다고 생각한다. 그래서 갈등이 생기고 관계 맺기가 어려워진다.

〈삶으로 떠나는 질문〉

1. 당신은 자신에 대해 얼마나 알고 있는가?
2. 자신을 알려면 어떤 노력이 필요한가?
3. 관계 맺기에서 갈등이 생기는 원인은 무엇인가?
4. 상대가 나를 어떻게 보는지 알려면 어떤 행동이 필요한가?

〈리더십 발휘를 위한 제언〉

1. 내 스스로를 잘 모르면 내 행동이 타인에게 어떻게 비치는지 모른다.
2. 타인을 바라볼 때 고정관념이나 편견이 작용하면 관계 형성이 어려워진다.
3. 좋은 관계를 형성하려면 무엇보다도 인내와 끈기, 정성이 필요하다.

함께해 효(HYO),
사랑해 효(孝)

HYO(Harmony of Young & Old)는 기성세대와 신세대 간 상생, 조화로움을 의미한다. 효는 한 방향으로 흐르는 것이 아니라 쌍방이 상호 작용하면서 조화와 균형을 이루어야 한다. 요즘 효(孝)가 법제화되고 효(孝)가 학문으로 발전하고 있다. 효는 이론이 아니라 행동이다. 효에 대한 자녀교육은 가르치기보다는 본인이 모습으로 보여 줄 때 진가를 발휘한다. 세대별 갈등이 심화되고 있는 현대사회에서 효문화를 잘 발전시킨다면 우리나라의 브랜드로 자리 잡을 수도 있다.

과거의 효는 대부분 자식이 부모를 봉양하는 일방적인 효였다. 특히 여성들은 노인과 남편을 수발해야 하는 노인공경 남편공경의 이중적인 짐을 지고 살았다. 이 과정에서 여성 라인인 시어머니와 며느리의 관계는 위계가 존재했다. 일명 시집살이라는 수식어가 항상 따라다녔다.

남편공경의 전형적인 삶을 그린 이윤경 시인의 '속내 부부'라는 시가 있다. 이 시는 현대에 사는 작가가 과거 부모의 삶 모습을 회상하며 적은 시다.

어머니는 도대체 속내를 알 수 없는 사람이었다.

밉다, 밉다 하면서 다음날 제일 먼저 술국 준비하고
밉다, 밉다 하면서 다음날 제일 먼저 보약 챙겨놓고
밉다, 밉다 하면서 늘 가난한 장바구니 속엔
겨우내 아버지의 발을 보호해 줄 순모 100% 검은 양말이 가득했다.

더 속내를 알 수 없는 사람은
그런 어머니에게 미운 행동만 계속하는 아버지였다.
미안한 기색 한 번 없이 당당한 아버지였다.

그렇게 미운 아버지가 떠나가던 날,
어머니는 밤새 미운 남편 사진 부여안고
미안해요, 미안해요를 되풀이했다.

그렇게 내 어릴 적엔 어이없이 사는 부부들이 많았다.

이 시의 전체적인 느낌은 한국 부부의 애증의 삶이다. "사랑하기 때문에 미워하고 미워하기 때문에 사랑한다. 미움이 사랑이 되고 사랑이 미움 된다."라고 할 수 있다. 우리 인생이 사랑만 있고 미움이 없다면 그것이 어찌 인생이라고 할 수 있겠는가? 이렇듯 과거에는 애증이 반복되는 삶 속에서 근육이 생기고 단련된 근육으로 힘든 봉양과정을 감내했다. 이윤경 시인은 미혼이고 캐나다 에드먼튼에 체류 중이다. 부모님들이 살아가는 모습을 보고 아예 시집도 가지 않은 채 캐나다로 이주했다. 어린 딸 앞에서 남편 흉을 그렇게 봤으니 결혼에 대한 동경심이 있었겠는가! 하지만 시 속에는 부모님의 사랑이 스미어 있다.

결혼 경력이 20~30년 된 부부들에게 다시 태어난다면 지금의 배우자와 결혼하겠는가라는 질문을 했다. 여자의 경우는 85%가 지금의 남편과는 결혼하지 않겠다고 했다. 질렸다고 했다. 그럼 15%는 왜 다시 결혼하겠다고 했을까? 그에 대한 답은 재밌다. 남자들이란 '그놈이 그놈이다'라는 우스갯소리다. 남자의 경우는 반대로 85%가 지금의 부인과 결혼하겠다고 했다. 그 이유는 30여 년을 훈련시켜 놓았기 때문에 다음 생에도 함께 살면 편할 것 같다고 풍자했다.

우리나라는 예로부터 가족들이 모두 모이는 밥상머리에서 식사예절을 비롯한 여러 가지 가정교육이 이루어졌다. 그때 아이들의 말도 듣고 그들의 마음과 생활을 이해하기도 했다. 그런데 요즘은 밥상머리 교육이 제대로 효과를 못 내고 있다. 모두들 바쁘고 출근과 귀가하는 시간이 다르기 때문이다.

현대적 관점에서 볼 때 효는 어떤 의미로 진화되고 있을까? 효는 부모자식간의 관념적이며 의무적인 규범 같은 것이 아닌 가족관계 형성의 기본 뼈대다. 그리고 자기 자신은 물론이고 타인을 소중히 여기는 근본이다. 효행은 어느 한쪽에서 일방적으로 행하는 것이 아니라 쌍방향으로 이루어진다. 이해관계자들 즉 부모, 자식, 남편, 아내는 각종 상황에 능동적으로 대처할 수 있는 균형(Trade-off)감각이 필요하다. 각자가 바라는 생각이 각각 다르기 때문이다. 만약 이해 관계자 중 어느 한 사람에게 주고받는 것이 집중되면 균형이 깨지면서 그 가정은 갈등의 골이 깊어질 수 있다. 균형을 잡는데 필요한 것은 대화를 통해 서로 간극을 좁혀나가는 것이다.

요즘은 밥상머리에서 대화 기회를 갖기도 힘들지만 설령 갖는다 해도 아이들에게는 잔소리로 비칠 확률이 높다. 요즘 젊은 세대는 어떤 형태로든지 성장하면서 기성세대로부터 요구받고 보호받는 환경에 억눌려 있다. 그래서 셀프디스(자신의 치부나 과오를 오히려 드러내 대화의 소재로 삼는 것)를 통해 자기 존재를 알리고 싶어 하고 그를 통해 인정받고 싶어 하는 욕구가 이전 세대보다 강하다. 요즘 젊은이들에게 힙합이 뜨고 있는 것은 개인적인 의견을 직설적으로, 당당하게 드러내는 노래의 특징 때문이다.

요즘 아이들이 많이 달라졌다. 아이들은 아버지, 할아버지 가라사대보다는 인기연예인들이 하는 말을 더 많이 기억하고 중요하게 여기는 경향이 있다. 모든 아이들이 다 그렇다는 것은 아니지만 적지 않은 아이들이 참을성이 부족하고, 도전하는 것에도 익숙하지 않을 뿐더러 도전을 했다 하더라도 쉽게 포기한다. 목적만 이룰 수 있다면 규칙 위반도 주저하지 않는다. 또 어른을 존경하지 않고, 자신밖에 모르니 남을 위한 희생정신의 발휘도 부족하다. 왕따, 폭력, 우울증 자살 등의 청소년 문제도 야기되고 있다.

그렇다면 이러한 환경을 어떻게 극복하면 좋을까? 요즘 신조어로

'프렌디'라는 말이 있다. 친구의 프렌드(friend)와 아빠의 대디(daddy)를 합쳐서 만든 말로 '친구 같은 아빠'를 부를 때 쓰는 말이다(2007년 여성가족부 용어). 요즘처럼 경쟁이 치열하고 각박한 사회에서 친구 같은 아빠는 아이들의 정서를 안정시키는데 중요한 치료제다. 하지만 남을 해하거나 또는 자신을 해칠만한 행동을 할 때는 친구 같은 아빠보다는 권위 있는 엄한 경고가 필요할 때도 있다.

가정 내에서 어머니와 아버지의 역할은 사뭇 다르다. 아이들은 어머니로부터 감성적 요소를 배울 수 있어 친밀함과 부드러움을 통해 인간관계를 온화하게 하는 법을 배운다. 그리고 아버지로부터는 이성적 요소를 배우게 되며 이때 이성적 요소는 초자아 형성에 중요한 영향을 끼친다. 즉 인내, 양심, 정의, 양보, 희생 등이 마음속 깊은 곳에 자리 잡게 한다. 아버지에게는 엄하고 믿을만한 권위가 있어야 한다. 물론 좋지 못한 권위도 있다. 자식의 입장에서 공감하지 못하고 자신만 옳다고 우기고 혼만 내는 아버지가 되어서는 안 된다. 가정이 안전하고 온전하게 발전하기 위해서는 친구 같은 아빠 그리고 가장으로서의 선한 권위가 필요하다. 먼저 가장이 모범을 보이는 리더가 되고 친구처럼 편한 상대가 되어 준다면 부모는 가정에서 훌륭한 효 리더가 될 수 있다고 본다.

효의 영역은 넓지만 가정에서 부모와 자식 간의 관계는 리더십의 기본 단위이다. 아이들은 부모의 등(살아가는 뒷모습)을 바라보면서 닮아가고 성장한다. 리더가 되는 사람의 마음가짐과 행동, 그리고 자세는 구성원과의 관계에 깊은 영향을 미친다.

지금까지는 현대적 효의 의미를 정상적인 생활환경 조건에서 조명해보았다. 그런데 효행을 함에 있어서 정신과 육체가 어떤 이상이 생겨 외부의 도움이 필요할 때의 상황이 문제다. 자칫 부모는 나이가 들어가면서 건강문제로 애물단지가 되는 상황이 올 수 있기 때문이다. 혹은 자녀들도 불의의 사고로 부모로부터 보호를 받아야 하는 상황도 있다. 하지만 대부분의 부모는 자녀가 어떤 불행한 환경에 처하면 그 아픔을 가슴에 담고 부모로서의 도리를 다한다. 그런데 문제는 부모를 돌봐야 하는 상황에서 자식의 도리이다. 왜냐하면 현대를 살아가는 자녀들의 효행 문화가 많이 변했기 때문이다. 대부분 노부모를 봉양해야 하는 상황에서 가정을 이루고 있는 자녀들은 부부간 갈등이 크다. 부모와 자식, 시부모와 아내의 관계는 근본적으로 접근하는 방식에서 차이가 있다. 이를 효과적으로 균형점을 찾아가기 위해서는 각자의 입장을 존중하고 서로 간의 주장을 상쇄(trade-off)해 나가는 과정이 필요하다. 여기에 국가에서 지원하는 노후 질병에 대한 보호 장치의 개입도 필요하다.

　소설가 박완서는 몸 관리 중요성에 대해 다음과 같이 말했다. 젊었을 적 내 몸은 나하고 가장 친하고 만만한 벗이더니 나이 들면서 차차 내 몸은 나에게 삐지기 시작했고, 늘그막의 내 몸은 내가 한평생 모시고 길들여 온 나의 가장 무서운 상전이 되었다. 정말 맞는 말이다. 몸만이 현재다. 생각은 과거와 미래를 왔다 갔다 한다. 하지만 몸은 늘 현재에 머문다. 현재의 몸만큼 중요한 것은 없다. 그렇기 때문에 몸은 늘 모든 것에 우선한다. 몸이 곧 당신이다. 몸을 돌보는 것은 자신을 위한 일인 동시에 남을 위한 일이다. 그런 면에서 몸을 관리하지 않고 방치하는 것은 무책임한 일이다. 이어 주변에 민폐를 끼친다. 몸을 돌보면 몸도 당신을 돌본다. 하지만 몸을 돌보지 않으면 몸은 반란을 일으킨다. 필자도 나이가 들어가면서 공감이 많이 가는 글이어서 소개해 보았다.

　필자는 중풍을 맞아 말도 못하고 거동도 못하는 노모를 3년간 봉양한 적이 있다. 그런데 집안 환경 때문에 어쩔 수 없이 요양시설로 옮기게 되었다. 노모를 차에 태우고 요양시설로 향하는 필자의 마음은 많이 아프고 슬펐다. 하지만 다른 방법이 없었기에 아내와 상의 후 보호시설로 옮기게 되었다. 노모는 4명이 함께 사용하는 호실에서 생활했다. 필자는 노모가 생존하던 시절 자식들에게 절대 피해를 끼치지 않겠다며 다짐하는 모습을 자주 보았다. 중풍으로 쓰러지고 난 후 홀로 사시던 시골집을 정리하다가 문득 냉장고 한쪽에 비닐로 싸여진 무언가를 발견했다. 풀어보니 극약이었다. 아마 노모는 본인에게 치명적인 상황이 오게 되면 극단적인 선택을 하려고 오래전부터 준비해 왔던 같다. 그런데 갑작스럽게 쓰러져 거동을 못하다 보니 극단적인 선택 기회를 놓쳐 버린 것이다. 그로 말미암아 수년간을 누워 계시면서 본인이 평소 원치 않았던 상황을 자식들에게 만들어줘 버린 것이다. 사랑하는 자식들에게 부담을 주지 않으려는 어머님의 깊은 사랑을 모르는 바는 아니지만 어머니의 의지가 실행되었더라면 그 아픔은 평생을 두고 나를 괴롭혔을 것이다.

　어머니를 요양시설에 모셔놓고 주 2회씩 정기적으로 방문해서 노모를 살폈다. 그때마다 어머니는 반기면서도 "뭐 하러 또 왔냐. 바쁠 텐데 다음 주에는 오지 마라."라고 말했다. 노인들은 필자를 효자라고 불렀다. 필자가 방문하면 아이고~ 효자 또 왔네! 라며 찬사와 부러움을 표시했다. 오랫동안 관찰하면서 발견한 사실이지만 노부모를 시설에 맡겨 두고 1년에 서너 번 정도 찾아오는 경우가 많다. 그러니 효자라는 말이 나올 수밖에 없겠다는 생각이 들었다. 필자도 자주 뵙다보니 막상 어머니를 대하면 특별히 할 말이 없었다. 항상 공식처럼 하는 말 세 가지가 있다. "어디 아픈 데 없소? 뭐 먹고 싶은 거 없소? 뭐 필요한 거 없소?"이다. 여기에 대한 대답은 항상 '괜찮다!' 이다. 자식이 걱정할까 봐 그렇게 말한다. 그 외에는 특별히 할 말도 없었기에 장시간 침묵이 흐를 때가 많았다. 1년간 계속 시설을 방문하면서 느낀 것이 있다. 딸들은 요양원에 들어오면서 엄마~하고 소리를 지르며 반갑게 들어오고 오랫동안 재잘거리며 많은 이야기를 나눈다. 하지만 아들들은 엄마 나 왔어! 라며 조용히 들어오고 침묵하는 시간이 많다. 할머니가 요양시설에 있으면 할아버지가 수시로 찾아와 위로를 해 주는데 할아버지가 요양원에 있으면 할머니들이 자주 찾아오지 않는다. 나이가 들어가면서 할아버지들은 감성적으로 변해가고 할머니들은 이성적으로 변해가서 그런 것일까? 아무튼 요즘 대세는 아들보다 딸이 좋다는 사람이 많다. 남편들이 늙어서 대우받으려면 결혼 후 아내에게 잘해야겠구나! 하는 생각이 든다.

〈정리〉

효는 가족관계 형성의 기본 뼈대이며, 자기 자신은 물론 타인을 소중히 여기는 근본이다. 효행은 어느 한쪽에서 일방적으로 행하는 것이 아니라 쌍방향으로 이루어져야 한다. 이해관계자들 즉 부모, 자식, 남편, 아내는 각종 상황에 능동적으로 대처할 수 있는 균형 (Trade-off)감각이 필요하다. 균형을 잡는데 필요한 것은 대화를 통해 서로 간극을 좁혀나가는 것이다.

〈삶으로 떠나는 질문〉

1. 현대적 관점에서 볼 때 효는 어떤 의미로 진화되고 있는가?
2. 친구 같은 아빠가 되기 위해서는 어떤 것들이 필요한가?
3. 효행이 있어서 이해관계자 상호간 의견 차이를 극복하려면 각자 어떤 역할이 필요한가?

〈리더십 발휘를 위한 제언〉

1. 현대의 아이들에게는 친구 같은 부모가 필요하다.
2. 효는 일방적인 것이 아니라 쌍방향이다.
3. 아이들은 부모의 등을 바라보며 성장한다.
4. 효행을 위한 정부차원의 제도적 장치들을 활용하라.

흉내 내며 사는
사람들

　고대 알레산드리아에서는 서커스를 할 때 원숭이를 훈련시켜 가면과 무용복을 입히고 춤을 추게 했다. 사람들은 무대의 무용수가 원숭이라는 사실을 모른 채 이상한 옷을 입고 우스꽝스럽게 춤추는 것을 보고 즐겼다. 그러다가 서커스가 절정에 이르렀을 때 각본에 따라 관객 중 한 사람이 원숭이가 좋아하는 과일을 무대로 던진다. 그러면 이것을 본 원숭이는 자기가 무대에서 춤을 추고 있는 무용수라는 것도, 많은 사람의의 박수를 받고 있다는 사실도 잊어버린 체 그 과일을 향해 돌진한다. 그리고는 관객들 앞에서 거추장스러운 가면과 무용복을 찢어버리고 과일을 탐욕스럽게 먹어치워 버린다. 관객은 그때서야 무용수가 원숭이임을 알고 비웃으며 조롱했다.

　우리가 흔히 듣는 말 중에 혼란스럽다는 말이 있다. 진의를 알 수 없다는 것이다. 그리고 그 혼란의 핵심은 진의를 알 수 없다는 것이다. 분명 참이라고 믿었는데 알고 보니 가짜일 때 우리는 심한 혼란을 일으킨다. 특히 유명인사라는 가면을 쓰고 말도 거룩하게 하고 봉사도 하고 선행도 하며 사는 사람들이 있다. 보잘것없는 자신의 능력을 화려하게 부풀리고 치장해서 세상을 속여 명예를 얻는 표리부동한 행위를 서슴지 않는다. 그리고 결정적인 이권이 눈앞에 던져지면 자기가 유명인사라는 사실을 망각하고 세상 사람들이 보는 앞에서 탐욕을 부리는 추태를 드러내기도 한다. 인간 내면 깊숙이 스며있는 위선, 무례, 어리석음, 고매한 듯 보이나 남의 불운에 은밀하게 안도하는 사람, 인도주의자인 척하지만 모순으로 가득한 사람, 자신이 옳다는 생각에 빠져 타인에게 강요하는 사람 등의 이중성을 바라볼 때는 '그러면 그렇지, 당신이라는 사람도 별수 없어'라고 조롱한다.

우리는 사람들의 겉모습이 아닌 본심을 아는 것이 어렵다고들 말한다. 또한, 타인의 감춰진 진짜 마음을 궁금해하곤 한다. 하지만 정작 자신의 진짜 마음을 제대로 살펴보는 일은 시도조차 하지 않는 경우가 많다. 자신이 바라는 진짜 자기 모습이 무엇인지 잘 모를 뿐만 아니라, 타인의 시선과 태도 때문에 자기 스스로를 속이는 일도 허다하다. 자신과 타인의 진짜 마음을 헤아리는 지혜를 얻을 수 있고, 자기 삶에 방해가 되는 감정들을 현명하게 다스리는 방법을 배워야 한다.

우리는 사람들과의 관계에서 자신이 가진 취약성을 숨기려고 '마음 가면'을 쓰는 경우가 많다. 브레네 브라운(2016)은 '마음 가면'을 벗고 자신의 취약성을 당당하게 드러내면 무엇보다 마음이 홀가분하고 무슨 일을 해도 후회가 남지 않는다고 했다. 또한 진솔한 모습을 보여줌으로써 주변인들과의 관계도 더욱 단단해질 수 있다고 전한다. 어둠을 탐색할 용기가 있어야 우리가 가진 빛의 무한한 힘을 발견할 수 있다는 것이다. 마음에 상처를 입더라도 감정을 드러내는 것, 지금의 내가 괜찮은 사람이라는 사실을 아는 것이 중요하다. 문제는, 우리가 그런 자신을 숨기려고 황급히 가면을 쓴다는 사실이다. 이렇게 마음가면을 쓰는 이상 수치심이나 불안, 강박으로부터 자유로울 수 없다. 반면 마음가면을 벗고 자신의 취약성을 당당하게 드러내면 무엇보다 마음이 홀가분하고 무슨 일을 해도 후회가 남지 않는다. 진솔한 모습을 보여줌으로써 주변인들과의 관계 또한 더욱 단단해진다고 말하고 있다.

필자의 지인 중에 스마트폰 카톡방에서 답글을 달 때 과도한 립서비스를 하는 사람이 있다. 평소 교감이 형성되지 않은 사람에게도 그는 형용사와 부사로 과도하게 포장하여 환심을 사려 한다. 그런 언사를 자주 반복하다 보니 그 말이 진심이라 할지라도 신뢰가 가지 않는다. 그냥 의례적이고 뻔한 말이구나! 하고 치부해버린다.

좋은 글이란 불필요한 부사가 많이 쓰이지 않은 글이다. 사람들은 가식이나 거짓이 드러나지 않게 포장할 때나 자신의 주장에 자신감이 없을 때 불필요한 수식어를 남발하게 된다. 좋은 삶도 그렇다. 불필요한 부사들을 주렁주렁 달고 사는 인생은 생명력이 없다. 필요 이상의 권력, 부, 명품, 이미지 등이 인생의 부사들이다. 글에서 부사를 한번 남용하기 시작하면 걷잡을 수 없이 그 수가 늘어나듯이 인생도 부사에 의지하기 시작하면 마찬가지로 그 수가 늘어난다.

진정한 사람은 겉모습이 아니라 말과 행동이 같은 사람이다. 이러한 습관화된 말은 마침내 마음속에 자리를 잡게 됨으로써 자신의 눈빛이나 표정을 변형시키고 그의 행동에까지 영향을 미치게 된다. 만약 말이 자신의 내면과 상충된다면 그것은 거짓을 기반으로 하는 사기꾼들의 수단이 된다. 그리고 그러한 행동이 일관된 방식으로 습관화 되면 그 모습이 표정으로 나타나게 된다.

말은 상대방의 마음을 움직일 수 있는 '공감의 언어'이어야 한다. 다소 어리숙하게 들릴지라도 그 사람이 말하는 표정이나 태도에 따라서 전달력은 큰 차이를 보이기 때문이다. 공감의 언어를 구사하려면 우선 상대방의 감정을 읽고 목소리의 억양, 표정, 태도 등의 비언어를 통해 이입된 나의 감정을 풀어낼 수 있어야 한다. 말은 살아 있어서 누군가의 마음속에 씨를 뿌려 열매를 맺기도 하고 마음의 빗장을 열어젖히게도 한다.

세 살 버릇 여든까지 간다는 말이 있다. 한 번 길들여진 습관이나 버릇을 바꾸는 것은 여간 쉬운 일이 아니다. 필자는 음악듣기를 좋아해서 요즘 유행하는 가수 오디션 프로그램을 자주 보는데 심사위원들이 이구동성으로 하는 말이 있다. 기성가수의 노래를 흉내 내지 말고 자신만의 개성을 살려서 하라는 것이다. 노래는 곧잘 하지만 기성가수의 흉내를 내는 나쁜 버릇 때문에 떨어뜨리고 다소 어설프지만 재능이 있는 참가자를 "특별한 버릇이 없어서 좋다"면서 합격시키는 것도 같은 맥락이라고 본다.

옛말에 구밀복검(口蜜腹劍), 어목혼주(漁目混珠)라는 말이 있다. 입은 꿀인데 뱃속엔 검이 있다. 진주인 줄 알았더니 생선 알이었다. 이 사자성어의 교훈은 겉모습이 화려할수록 더욱 주의하라는 말이다. 상대방이 쓴 화려한 가면에 현혹되지 말고 가면 속에 숨겨진 진실을 헤아려보아야 한다. 우리는 살면서 많은 인연을 맺고 살아간다. 좋은 인연이란 시작이 좋은 인연이 아닌 끝이 좋은 인연이다. 인연을 어떻게 마무리하는가는 상대가 아닌 나 자신에 달려 있다.

〈정리〉

우리는 사람들의 겉모습이 아닌 진짜 마음을 제대로 살펴볼 수 있어야 한다. 진정한 사람은 겉모습이 아니라 말과 행동이 같은 사람이다. 흉내 내는 말이 아닌 공감의 말을 구사해야 한다. '마음가면'을 벗고 자신의 취약성을 당당하게 드러내면 무엇보다 마음이 홀가분하고 무슨 일을 해도 후회가 남지 않는다.

〈삶으로 떠나는 질문〉

1. 좋은 인연을 만들려면 어떤 태도가 필요한가?
2. 상대의 이중적인 행동으로 불이익을 받았던 적이 있었는가? 있었다면 그때 어떤 생각을 했는가?
3. 나의 나쁜 습관을 좋은 습관으로 바꾸려면 어떤 노력이 필요한가?
4. 혹시 당신은 어떤 상황에서 가면을 쓴 적이 있는가? 가면을 쓸 때 그 느낌은 어떠했는가?
5. 상대에게 신뢰를 쌓기 위한 방법들은 무엇이 있는가?

〈리더십 발휘를 위한 제언〉

1. 상대와 공감하기 위해서는 상대의 감정을 읽고 그것을 표정이나 언어로 온전히 풀어낼 수 있어야 한다.
2. 당신이 마음속에 심은 씨앗은 습관화된 표정으로 나타나게 되고 결국 인상으로 형성된다.
3. 자신의 취약성을 드러내면 마음이 홀가분하고 주변인들과의 관계도 더욱 단단해질 수 있다.
4. 자신과 타인의 진짜 마음을 헤아릴 줄 알아야 성공적인 인간관계를 형성할 수 있다.

4달

수평적 리더십

옛말에 '모난 돌이 정 맞는다.'라는 말이 있다.

인간관계에서 수평적 관계란

어느 한쪽이 모가 나서 마음에 걸리거나 신경이 쓰여

부담스러운 상태가 아니라 나를 중심으로

위아래가 협력적 관계로 소통함을 말한다.

수평적 리더십을
발휘하려면?

　리더는 조직이나 단체에서 활동을 주도하는 위치의 사람이다. 그리고 리더십은 공동의 목표를 달성하려고 한 사람이 다른 사람들에게 지지와 도움을 얻는 긍정적인 영향 과정이다. 따라서 리더십의 열쇠는 '권위'가 아니라 '영향력'이라는 것이다. 그렇다면 수평적 리더십이란 어떤 것일까? 통상 상사가 아랫사람에게 직급에 맞는 책임과 권한을 위임하고 하의상달의 통로가 원활하게 구축된 상태를 의미한다. 그러나 이보다 한 차원 높은 리더십은 상사에게 하는 상향리더십과 동료에게 하는 동료리더십이다. 따라서 수평적 리더십은 조직 내 하향, 상향, 동료리더십이 효율적으로 작동되어 수평적 리더십이 잘 발휘될 수 있도록 하는 데 있다.

　조직에서의 리더십은 조직의 목적을 달성하기 위해 구성원을 일정한 방향으로 이끌어 성과를 창출하게 하는 능력이다. 그렇다면 리더는 어떤 방식으로 구성원들을 리드해야 할까? 그 방식은 사람마다 조지마다 상황마다 조금씩 다를 수 있지만 나음과 같은 리더십이 필요하다.

첫째, 관리중심에서 플레이어(실무자) 중심으로 패러다임의 전환이 필요하다. 다시 말해 플레이어들이 일을 효율적으로 할 수 있도록 명확하고 구체적인 지침을 주어야 하고 밀착지도가 필요하다. 플레이어는 커뮤니케이션 수단을 통해 리더에게 이해, 협력, 자원에 대한 의사결정을 요구해야 한다. 이러한 커뮤니케이션 수단이 수평화되기 위해서는 플레이어 관점에서 일이 잘 진행되도록 결정하고, 도움을 주는 측면으로 발전해야 한다.

예전에 필자가 실무형 상급자와 함께 일한 적이 있다. 그분은 실무자에게 보고서 작성을 지시할 때 보고서의 뼈대를 직접 잡아준다. 실무자가 뼈에 살만 붙일 수 있도록 해주는 것이다. 일하기도 쉽고 시간도 절약되고 보고서 작성 기술의 전수효과도 컸다. 그 당시 필자가 상급부서에 보고할 1쪽 분량의 조사보고서를 작성해서 검토를 받은 적이 있었다. 이때의 피드백이 지금까지 기억에 남아 있다. 보고서를 본 상급자는 "아주 고생이 많았네. 내가 자네 같은 직급에 있었을 때는 이렇게 좋은 보고서를 작성하지 못했네. 정말 훌륭해." 그 순간 필자는 그동안의 노고와 보람이 교차하면서 카타르시스를 느꼈다. 그런데 반전이 일어났다. 상관은 연필을 꺼내 들더니 필자가 작성한 내용을 한두 줄씩 그어 없애면서 몇 자씩 적기 시작했다. 마지막까지 정리 작업이 끝나고 나니 필자가 작성한 1쪽 분량의 보고서가 반으로 요약이 되어 있었다. 단어중복 어휘중복 문장중복을 없애고 문맥이 깔끔하게 정돈되어 있었다. 필자가 그 내용을 자세히 들여다보니 놀랍게도 그 안에는 필자가 쓴 1쪽 내용 전부가 망라

되어 있었다. 기분이 묘했다. 그런데 분명한 것은 그분의 선한 눈빛을 통해 전달된 긍정적 피드백 때문에 전혀 기분 나쁘지 않았다. 그것을 계기로 필자는 문장 표현법에 대해 관심을 갖게 되었고 보고서 작성 능력도 급속도로 향상되게 되었다.

둘째, 리더를 감히 리드하는 상향리더십을 잘해야 한다. 상향리더십을 잘하려면 ①상사의 관심사나 의도를 잘 파악하여 목표에 대한 방향을 일치시킨다. ②상사가 어려울 때 필요로 하는 도움을 준다. 사람들은 누군가로부터 도움을 받으면 "나도 그 사람을 도와주어야 하는데"라는 보상심리를 갖게 된다. ③예의 바른 태도를 갖추어야 한다. 조직 분위기나 리더들의 특성에 따라 부하에게 기대하는 말투와 태도가 있다. 그런 기대에 부응할 수 있도록 자신을 잘 관리해야 한다. ④부하 직원들 스스로가 일에 대한 주인의식과 전문성을 갖는다. 조직은 일을 통해 성과를 내는 곳이다. 일에서 밀리면 존중받기 어렵고 당당하게 자존감을 지키기도 힘들다.

마지막으로 동료리더십을 잘 발휘해야 한다. 직장인들은 하루의 대부분을 집보다 회사에서 보낸다. 직장인에게 동료는 가족만큼이나 중요한 사람이다. 사실 업무를 하다 보면 인접 동료들의 도움이나 협조가 매우 중요하다. 가장 어려운 일이 바로 경쟁 대상인 동료에게 리더십을 발휘하는 일이다.

세계적인 리더십 전문가인 존 맥스웰은 그의 저서 『360도 리더』에서 상호 보완적인 경쟁을 하라고 했다. 사실 조직에서 경쟁은 불가피하기 때문에 자체가 문제되지는 않는다. 그러나 경쟁이 지나치게 되면 승패만을 생각하고 자기중심사고에 빠지게 된다. 이런 조직은 이기고 지는 사람이 나누어지고 개인의 피로감이 누적되어 조직이 결국 금이 가버린다. 그러나 상호 보완적인 리더는 동료들과 함께 성공을 생각하며 팀워크를 내는 것에 더 매진한다.

GE 인터내셔널 베칼리 발코 회장은 GE인재의 첫 번째 조건은 능력이 뛰어난 개인보다는 여러 분야를 통합하고 그 안에서 일을 즐기는 '팀플레이어'라고 말했다. 이처럼 우수한 조직에서는 동료들과의 협력을 통해 한 차원 높은 역량을 보일 수 있는지를 주의 깊게 지켜보고 있다는 사실에 주목해야 한다.

세상이 급속도로 변화하고 있다. 산업화시대의 권위주의 패러다임은 이미 힘을 상실했다. 성공한 리더가 되기 위해서 갖추어야 할 덕목도 빠르게 변화하고 있다. 직장인들 스스로가 삶의 질을 결정하고 문제를 해결하려면 구성원 상호 간의 수평적인 시각에서의 소통이 중요하다.

코넬대 제임스 디터트 교수는 리더 스스로가 '나는 보스다'라는 신호를 보내지 말아야 한다고 했다. 상급자를 만나야 할 때 복잡한 절차를 거쳐야 하거나, 회의 시 상급자의 의자가 권위 있는 모습으로 배치되어 있거나, 상급자가 앉아 있는 모습이 뒤로 젖혀 있는 모습이라면 이 모두가 내가 보스라는 신호이다. 리더가 이런 신호를 보내면서 '자 모두 편하게 이야기하세요'라고 한다면 어불성설이다.

부하들은 상사의 관심사나 의도를 잘 파악하여 목표에 대한 방향을 일치시키고 동료들은 도움과 협력을 통해 팀플레이를 강화해야 한다. 즉 모든 구성원들이 성과를 내는 데 있어서 같은 생각을 하고 역지사지(易地思之)하는 마음으로 관계를 형성할 때에 수평적 리더십은 보다 쉽게 발휘될 수 있다.

〈정리〉

수평적 리더십은 상사가 아랫사람에게 직급에 맞는 책임과 권한을 위임하고 하의상달의 통로가 원활하게 구축된 상태를 의미한다. 그러나 이보다 한 차원 높은 리더십은 상사에게 하는 상향리더십과 동료에게 하는 동료리더십이다. 따라서 수평적 리더십은 조직 내 하향, 상향, 동료리더십이 효율적으로 작동되어 수평적 리더십이 잘 발휘될 수 있도록 하는 데 있다.

〈삶으로 떠나는 질문〉

1. 성공적인 리더가 되기 위해 갖추어야 할 덕목은 무엇일까?
2. 부하들이 갖추어야 할 덕목은 무엇일까?
3. 동료들이 갖추어야 할 덕목은 무엇일까?

〈리더십 발휘를 위한 제언〉

1. 리더는 관리중심에서 플레이어(실무자) 중심으로 패러다임의 전환이 필요하다.
2. 능력이 뛰어난 개인보다는 여러 분야를 통합하고 그 안에서 일을 즐기는 '팀플레이어'가 되어야 한다.
3. 리더는 자신이 보스라는 신호를 보내지 말아야 한다.

프레임은
운명을 좌우한다

심리학에서는 어떤 문제를 바라보는 관점, 세상에 대한 은유나 고정관념, 편견 등이 모두 프레임의 범주에 속한다고 한다.

최인철 교수는 벤저민 바버(Benjamin Barber)의 말을 빌려 "나는 세상을 강자와 약자, 성공과 실패로 나누지 않는다. 나는 세상을 배우는 자와 배우지 않는 자로 나눈다."라고 이야기한다. 한 사람의 생각은 그 사람의 판단에만 영향을 미치고, 다른 사람에게는 전혀 영향을 미치지 못한다. 그래서 프레임의 영향력은 한 개인의 범주를 넘어서지는 못한다. 결국 프레임의 영향력의 범주가 형성되는 과정은 스스로의 경험과 노력에 의존할 수밖에 없다. 아인슈타인은 이를 "실수한 적이 없는 사람은 결코 새로운 일을 시도해보지 못한 사람이다."라고 이야기했다.

외부의 자극은 통제가 불가능하다. 그것이 좋을 수도 있고, 나쁠 수도 있다. 그저 그런 일들일 수도 있다. 삶의 상황들은 일방적으로 주어지지만 그 상황에 대한 반응은 철저하게 우리 자신이 선택해야 할 몫이다. 그렇다면 이러한 환경에서 우리가 취할 수 있는 최고의 태도는 무엇인가. 우리는 지금보다 더 자주 평균으로 세상을 보는 프레임을 가져야 한다. 자신이 아는 것을 상대가 모른다 하면 무식한 것으로 치부하는 사람들이 있다. 오만한 생각이고, 편협한 생각이다. 우리는 평균으로 세상을 바라보아야 한다. 어떤 면에서는 수준 낮은 세상이겠지만 때로는 수준 높은 세상일 것이다.

프레임은 특정한 방향으로 세상을 보도록 이끄는 조력자의 역할을 하지만, 동시에 우리가 보는 세상을 제한하는 검열관 역할도 한다. 결과를 바꾸고 싶다면 그 원인부터 바꿔야 한다. 선글라스만 껴도 세상이 달라 보이듯 보는 방식을 조금만 바꿔도 삶은 달라질 수 있다.

우리는 무언가를 판단할 때 자기 프레임에 갇혀 있는 경우가 많다. 슈바이처는 '프레임은 자기 운명을 좌우한다'고 했다. 이는 어떤 대상 또는 개념을 접했을 때 어떤 프레임을 갖고 있느냐에 따라 그 해석과 행동이 바뀌기 때문이다. 예를 들어 '싼 게 비지떡'이라는 생각은 대한민국 사람들이 물건을 구매할 때 일상생활 속에서 나타나는 '프레임'이다.

사람들은 누구나 좋은 사람과 인연을 맺고 싶어 한다. 좋은 사람은 보기만 해도 기분이 좋아지고 그들과 함께 일을 하면 시너지 효과도 크다. 그런데 나쁜 사람이라고 생각하면 어떤 좋은 일을 해도 신뢰감이 저하되고 평가절하를 하게 된다.

법륜스님은 그의 저서 『행복』에서 사람들이 좋은 사람 나쁜 사람을 구분하려는 것은 내 인식상의 문제를 객관화하려는 의도에서 비롯된다고 했다. "너를 보니까 내 기분이 나쁘다"가 진실인데 "너는 나쁜 놈이다"라고 객관화시킨다는 것이다. 내 마음에 딱 든다고 반드시 좋은 사람은 아니다. 내 기준에 따라서 좋아 보이기도 하고 나쁘게 보이기도 하는 것이다. 그럼에도 불구하고 마음에 드는 사람만 사귀려고 한다면 좋은 사람을 많이 사귈 수 없다. 자기 취향에 집착하게 되면 사람의 가치를 제대로 알지 못하고 관계의 범위를 축소하게 된다. 좋은 사람을 많이 만나고 싶다면 우선 자기의 마음을 열어야 한다고 했다.

메이저리그 선수 중 체중이 120kg인 선수가 있었다. 이 선수는 체중에서 나오는 파워를 통해 장타를 치는 것이 강점이다. 그러나 빠르게 달리지 못하기 때문에 장타를 치고 항상 1루에서 머물고 만다. 모든 동료들은 이 선수는 장타를 치고도 1루밖에 못 간다는 프레임이 형성되어 있다. 이 선수는 동료들이 갖고 있는 고정관념 즉 프레임을 깨야겠다고 생각했다. 장타를 친 후 2루까지 가보려고 나름대로 체력 훈련을 했다. 그는 경기 중에 장타를 치고 온 힘을 다해 달렸다. 그런데 1루를 지나 2루로 진입하는 과정에서 커브 길의 회전력 때문에 균형을 잃고 넘어지고 말았다. 2루까지 달리기엔 무리인 것 같아서 신속히 원위치한 후 1루 베이스에 슬라이딩 터치를 했다. 그리고는 판정 여부를 알기 위해서 심판을 쳐다보았다. 그런데 심판이 아무런 반응 없이 물끄러미 쳐다만 보았다. 그때 상대편 1루스가 웃으면서 말했다. "야. 너 홈런 쳤어." 그때서야 관중들의 환호성이 들리기 시작했다고 고백했다.

이 선수는 사람들에게 고정관념을 깨는 것에 실패했지만 그것에 연연할 필요는 없을 것 같다. 사람들마다 강점과 약점이 있다. 강점은 살리고 약점은 보완하는 노력이 필요하지만 강점을 강화하는 방향으로 나아갈 때 선택받을 확률이 높다.

힐 연구소 조사에 의하면 1/3에 해당하는 사람만이 자신의 심리 프레임 때문에 강점을 말할 수 있다고 한다. 반대로 당신이 약점은 무엇인가요? 라는 물음에는 강점을 물었을 때보다 대답이 더 많이 나온다는 것이다. 보통 사람들은 살아가면서 자신의 강점보다는 약점을 많이 의식하며 살기 때문이다. 이것은 '부정성 편향' 프레임 때문이다. 자녀가 성적표를 가지고 왔다. 영어가 '수', 사회가 '수', 과학이 '미', 수학이 '가'인 성적표이다. 가장 먼저 시선이 가는 곳이 어디일까? 실제 갤럽에서 학부모를 대상으로 조사한 적이 있는데, 조사 결과 77%가 수학 '가'라고 대답했다. 부모들이 자녀를 볼 때 강점보다는 약점을 먼저 바라보는 심리프레임 때문이다.

언어학자 조지 레이코프는 프레임을 '특정한 언어와 연결되어 연상되는 사고의 체계'라고 정의한다. 프레임은 우리가 사용하는 모든 언어에 연결되어 존재하는 것으로, 우리가 듣고 말하고 생각할 때 우리 머릿속에는 늘 프레임이 작동한다는 게 그의 주장이다. 예를 들면 어떤 병에 물이 절반 들어 있다. 이때 A는 "절반밖에 안 남았네?"라고 하였고, B는 "절반이나 남았네?"라고 했을 때 B는 A에 비해서 긍정적이고 낙천적인 성격을 갖고 있다고 할 수 있다. 이때 A와 B의 해석의 차이는 두 사람이 갖는 프레임이 다르기 때문이다. 일단 프레임이 형성된 상태에서는 쉽게 변하지 않는다. 예를 들어 '나이가 많은 사람은 현명하다'는 명제에 대해서 대부분의 사람들은 긍정적으로 인식한다. 이는 지금까지 일반적으로 통용되는 명제였기 때문이다. 하지만 변화의 속도가 너무 빠른 오늘날 이 명제는 많은 경우에 옳은 명제라고 볼 수 없다. 사회가 너무 빨리 변하고 있기 때문이다.

'요즘 신병들 군기 빠졌다, 요즘 젊은이들 버릇이 없다'라는 말이 많이 회자되고 있지만 동의하기 어렵다. 과연 신병들은 항상 군기가 빠져있고, 젊은이들 역시 항상 예의가 없을까? 아니다. 단지 기성세대들이 환경의 흐름을 감지하지 못하고 고정관념에 머물러 있기 때문이다. 환경이 변화하면 프레임도 같이 변화해야 한다. 환경 변화에 맞게 변화하지 못한 프레임은 경쟁력을 잃게 된다.

한편 사고프레임은 경청에도 영향을 미친다. 경청을 방해하는 원인 중에 선택적 듣기가 있다. 자기와 무관하다고 생각하면 아예 듣지 않거나 설령 들었다 할지라도 기억 속에 각인되지 않는다. 필자가 교회에서 있었던 일이다. 1, 2부로 예배를 진행하는데 필자는 항상 2부에 예배를 드린다. 그런데 구정 연휴에 손님맞이 때문에 1부 예배를 드려야 할 상황이 발생하여 그 시간에 맞추어 교회를 갔다. 그런데 교회에 사람들이 보이지 않았다. 지난주 목사님이 1부 예배는 생략하고 2부에 통합예배로 드린다고 공지했다는데 나와 무관한 것으로 단정해버리고 건성으로 들은 것이다. 이처럼 사고 프레임은 소통에도 영향을 미친다.

<정리>

심리학에서는 프레임을 세상을 바라보는 방식 즉 '마음의 창'으로 비유한다. 프레임은 우리가 사용하는 모든 언어에 연결되어 존재하는 것으로, 우리가 듣고 말하고 생각할 때 우리 머릿속에는 늘 프레임이 작동한다. 프레임은 그 사람의 운명을 결정한다. 좋은 프레임을 가져야 성공할 수 있다.

<삶으로 떠나는 질문>

1. 당신 무언가를 판단할 때 자기 프레임에 갇혀 있는 경우가 있었는가?
2. 이 세상에는 좋은 사람보다는 나쁜 사람이 더 많다고 생각한다면 그 이유는 무엇일까?
3. 좋은 사람을 만나고 싶다면 어떤 노력을 해야 하는가?

<리더십 발휘를 위한 제언>

1. 좋은 프레임은 리더십 역량을 강화시킨다.
2. 프레임의 방식에 따라 긍정의 언어 부정의 언어가 싹튼다.
2. 단점을 보완하려는 노력보다 강점을 강화하려는 노력이 더 필요하다.

희희낙락하며 살자

··

이재마는 중용의 제1장을 창조적으로 해석하여 사상의학을 창시했는데 희로애락을 인간의 장기와 약초를 연결시켜 해석하였다. 이 중 애성(哀性)과 노성(怒性)은 양의 기운을 타고 나서 소양인, 태양인으로 구분하였고, 희성(喜性)과 낙성(樂性)은 음의 기운을 타고 나서 소음인, 태음인으로 구분하였다. 여기서 노성(怒性)은 화를 잘 내는 체질이라고 했다. 그래서 노성(怒性)이 강해서 생긴 병은 낙성(樂性)을 돋구는 약초를 써서 노성(怒性)을 눌러주어야 한다고 했다.

법륜스님은 그의 강연에서 여러 좋지 않은 습관들 중에서 가장 나쁜 습관이 시시때때로 화를 내는 습관이라고 했다. 화가 나는 건 내가 화가 나는 것이지 상대 때문에 화가 나는 것은 아니다. 상대를 이해하지 못하니까 화내고, 짜증내고, 잔소리하는 것이다. 상대를 이해하고 받아들이면 내 습관이 고쳐지고, 내 습관이 고쳐지면 대화가 쉬워진다. 화가 난다는 것은 누구 때문이 아니라, 내가 옳고 네가 틀렸다는 것 때문에 화가 난다. 내 기준에 맞지 않으니까 화가 나는 것이다.

우리는 희로애락 중 희희낙락에 초점을 맞추어 살고 싶어야 한다. 희(喜)는 정신적인 것이다. 즉 승진, 수익, 자격증 취득, 승리 등과 같은 것이다. 생활 속에서 이것들을 경험하게 되면 기쁜 것이다. 락(樂)은 입, 눈, 귀, 코, 몸, 마음이 즐거운 것이다. '희'는 공증된 방식이 적용되기도 하지만 '락'은 우리의 평범한 일상에서 쉽게 얻을 수 있다. 그렇다면 이목구비와 몸이 즐겁기 위해서는 어떻게 하면 좋을까?

첫째, 입을 즐겁게 한다. 이를 위해서는 정기적으로 맛있는 음식을 먹는 것이다. 필자는 네 쌍의 부부가 주 1회 '스폰서 식사모임'을 하고 있다. 1주에 한 부부씩 돌아가면서 맛집을 선정하고 그곳에서 식사비를 낸다. 즉 일주일에 한 번씩 좋은 사람들과 만나 외식하고, 수다 떨고, 때로는 노래도 하면서 입을 즐겁게 하고 있다.

둘째, 눈을 즐겁게 한다. 이것은 좋은 경치를 볼 수 있는 시간을 갖거나 영화를 보거나 책을 보는 것이다. 이것은 여가시간을 활용하여 취미를 갖는 것이 필요하다. 필자는 북세통(book으로 세상과 통하다)이라는 프로젝트를 진행하고 있다. 좋은 책을 읽고 그것을 전달해주는 책 이야기꾼(일명 북텔러)으로 활동하고 있다. 책을 읽을 때도 좋고 그 내용을 사람들에게 전해주는 학습장은 즐거운 놀이터다.

셋째, 귀를 즐겁게 한다. 이것은 음악을 듣거나 시 낭송을 듣거나 명언을 듣는 즐거움이다. 여기서 귀로 듣는 활동은 개인적으로 할 수도 있지만 요즘은 함께 즐길 수 있는 모임들이 많다. 그런 커뮤니티 공간에서 취향이 같은 사람들끼리 함께 소통할 수 있는 기회를 갖는다는 것은 즐거운 일이다.

넷째, 코를 즐겁게 한다. 코는 좋은 향내를 맡을 수 있게 하고 입에서 느끼는 다양한 미각을 내게 한다. 산보를 할 때 자연내음이나 꽃향기는 우리의 정신을 맑게 한다. 또한 코(후각)는 입으로 느끼는 오감(쓴맛, 신맛, 짠맛, 단맛, 매운맛)에 향을 전달해서 감칠맛, 고소함, 구수함, 시원함을 내게 해주는 매개체 역할도 한다. 이러한 활동은 일상에서 자연스럽게 이루어지는 활동이다.

다섯째, 몸을 즐겁게 한다. 이를 실천하기 위해서는 운동, 춤, 마사지, 목욕, 휴식 등을 하는 것이다. 운동을 위해서는 만보기를 준비하는 것도 동기부여가 되고, 좋아하는 스포츠나 댄스 동아리에 가입하여 활동하는 것도 좋다.

마지막으로 마음이 즐거워야 한다. 이것은 락(樂)의 종합이다. 마음이 즐거우려면 '여행'을 하는 것이 좋다. 여행을 하게 되면 눈, 귀, 입, 코, 몸 모두를 즐길 수 있다. 사치처럼 들릴지 모르지만 삶이 즐거우려면 여행을 자주 해야 한다. 여행이 즐거운 것은 스스로 원해서 하는 자발적 행위이고 업무처럼 성과가 평가되지 않는다. 대부분 친구나 가족이 함께하기 때문에 관계재이다. 여행을 계획하는 단계부터 행복은 극대화된다. 무엇보다도 여행이 큰 즐거움을 주는 이유는 우선 일을 하지 않기 때문이다.

우리는 여행의 개념을 확장시킬 필요가 있다. 여행은 해외여행, 국내여행, 산책, 독서 등 모두를 포함한다. 여기서 단서는 주어진 시간에 그것을 만끽할 수 있어야 한다.

화를 내는 것은 위험(danger)하다. 'danger'의 의미를 재미있게 해석해보면 'd + anger'이다 디(d)게 화(anger)내면 위험(danger)해진다는 것이다. 희희낙락을 방해하는 주범인 '화'를 잘 다스리는 것이 즐겁게 살아가는 비결 중 하나이다.

우리를 기쁘고 즐겁게 만드는 것은 단지 자신의 노력의 결과만이 아니다. 기쁨과 즐거움을 얻으려면 반대쪽에 있는 고통과 번민을 감내할 수 있어야 한다. 그래야 희희낙락의 가치를 알게 되고 만족도도 훨씬 커진다. 밤하늘에 별이 빛나는 것은 그 뒤에 어둠의 배경이 드리워져 있기 때문이다. 어둠이 없다면 찬란한 빛을 볼 수 없다.

〈정리〉

우리는 희로애락 중 희희낙락에 초점을 맞추며 살고 싶어야 한다.
희(喜)는 정신적인 것이다. 즉 승진, 수익, 자격증 취득, 승리 등과
같은 것이다. 생활 속에서 이것들을 경험하게 되면 기쁜 것이다.
락(樂)은 입, 눈, 귀, 코, 몸, 마음이 즐거운 것이다. 희희낙락을
방해하는 주범은 '화'이다. 이를 잘 잘 다스리면 마음이 즐겁다.

〈삶으로 떠나는 질문〉

1. 희와 낙은 각각 어떤 의미인가? 그 사례는?
2. 낙을 구현하려면 이목구비가 즐거워야 하는데 각각의 예를
   들자면?
3. 필자가 생각하는 여행의 영역은 무엇인가?
4. 낙의 종합은 여행인데 여행을 하면 무엇이 좋은가?
5. 희희낙락을 방해하는 요인은 무엇인가?

〈리더십 발휘를 위한 제언〉

1. 내가 좋다고 상대의 삶을 방해하지 말라.
2. 긍정의 사고를 가지면 즐겁게 사는 데 도움이 된다.
3. 즐겁게 살아라. 내가 즐거우면 상대가 즐겁고 주변이 즐겁다.

함께 갑시다

요즘 대세 트로트 가수 임영웅 씨의 팬클럽인 영웅시대측은 신종 코로나 19 극복을 위한 기부 행렬에 동참하여 모금 활동을 벌인 결과 4,600명이 1억 4천5백여만 원을 모아 대한적십자사에 전액을 기부했다. 한편 가수 슈퍼주니어 그룹에서 활동 중인 김성민이 갑작스럽게 결혼을 발표하자 팬들이 반란을 일으켰다. 팬들은 자기들을 속였다며 팀에서 그를 제외할 것을 소속사에 요구했고 결국 그는 탈퇴했다. 팬들에게 사전 공지 없이 갑자기 발표한 것에 대한 항의로 퇴출운동을 벌인 것이다. 연예인들은 그를 지지해주고 응원해주는 팬들과 함께하면서 성장을 거듭한다. 그리고 팬들은 생산자이면서 소비자의 역할도 주저하지 않는다.

동행을 한다는 것은 꿈과 비전, 목표를 향해 함께 나아가는 것이다. 좋은 꿈을 함께 이룰 수 있다면 세상은 밝아지고 개인적으로도 큰 행복이 아닐 수 없다. 아침 출근길에 라디오 방송을 듣는데 8살, 6살, 5살인 3형제가 학교 운동장에서 놀다가 10원짜리 7개, 50원짜리 1개 등 120원을 주어 파출소를 찾아와 주인을 찾아달라고 했다고 한다. 경찰은 분실물 접수는 하지 않고 어린이들의 선행을 착하게 여겨 파출서 옆 마트로 데려갔다. 좋은 일을 했으니 상을 주겠다며 먹고 싶은 것을 고르라고 했더니 어린이 삼형제는 각각 500원짜리 풍선껌을 하나씩 골랐다. 이를 계산하고 난 경찰은 어린이들을 칭찬해주며 집으로 돌려보냈다. 집에 돌아온 아이들은 아버지에게 착한 일을 해서 상품을 받았다며 풍선껌을 연신 불어대며 천하를 얻은 듯이 기뻐했다고 전했다. 아이들의 아버지는 적절하게 조치를 해 준 경찰에게 고맙다며 경찰서 게시판에 글을 올려 화제가 되었다.

필자도 어렸을 때 주운 돈을 주인에게 돌려준 적이 있다. 7살, 1960년대 중반쯤이었다. 몹시 가난해서 아주 어렵게 살았던 것으로 기억된다. 어느 날 이른 아침에 아버님 심부름을 다녀오다가 동네 길바닥에서 이슬이 젖은 노란 편지봉투 하나를 발견했다. 별생각 없이 열어보니 은행에서 갓 나온듯한 빳빳한 1,000원짜리 지폐가 15장이 들어 있었다. 집에 돌아와서 아버지에게 주운 돈을 드렸더니 아버지는 봉투에 쓰여 있는 메모를 들여다보더니 동네에 사는 김 순경 월급이라고 했다. 그리고 저에게 바로 김 순경 집으로 달려가 주운 돈을 전해주라고 했다. 필자는 200여 미터 떨어져 있는 김 순경 집으로 가서 주운 돈을 건네주었다. 김 순경 아저씨는 월급을 잃어버린지도 모르고 있었다. 그러면서 돈을 찾아 줘서 고맙다는 말씀을 아버지에게 전해주라고 했다. 별다른 보상 조치는 없었다. 120원을 주어서 주인을 찾아달라고 했던 어린이들과 경찰에게 상품으로 풍선 껌을 받고 세상을 얻은 듯이 기뻐하는 아이들의 모습과 대조되는 사건을 접하면서 그 당시 추억을 회상해 보았다. 당시 김 순경 집은 비교적 부유하게 살았고 우리 집은 가난했다. 아버지가 오랫동안 투병 생활을 했었기 때문에 살아가기도 힘든 시절이었다. 건강치 못한 몸으로 아버지는 취로사업장 공사장 혹은 남의 과일밭 일을 도우며 살다가 나이 60이라는 비교적 젊은 나이에 돌아가셨다.

어려운 환경 속에서도 남의 돈에 욕심을 내지 않고 주운 돈을 주인에게 건네준 아버지의 아름다운 행동이 지금까지 내 기억 속에 자리 잡고 있다. 어찌 보면 그런 아버지의 행동이 나에게 큰 교훈으로 자리 잡고 있지 않은가 생각해 본다. 요즘 같이 자기중심성이 강한 시대에서 보면 우둔하고 융통성이 없는 모습으로 비춰질 수 있지만 그래도 선행은 세상 사람들에게 항상 좋은 모습으로 회자되고 있다.

서산대사의 선시(禪詩)에 눈 덮인 들판을 걸어갈 때 어지럽게 함부로 걷지 말라. 오늘 네가 가는 이 발자취가 뒷사람의 이정표가 되리니. 즉 앞서서 이끄는 자는 모범을 보여야 함을 주문하는 시다. 아이들은 아버지의 등을 보며 자라고 어머니의 따뜻한 사랑을 느끼며 긍정감성을 형성한다고 본다. 착하게 살라는 교육도 필요하지만 중요한 것은 어른들이 아이들에게 보여주는 하나하나의 행동이 자녀교육에 미치는 영향이 매우 크다는 것이다. 어른들의 모범적인 행동이야말로 자녀교육의 근본이고 강한 실행력을 보여주는 산교육일 것이다.

동행은 결국 상생하는 것을 의미한다. 상생하려면 다음과 같은 삼 단논법이 필요하다. 상생하려면 '역지사지(易地思之)'해야 한다. 역지 사지를 하려면 서로가 '다름'을 인정해야 한다. 다름을 인정하려면 나 중심에서 상대 중심으로 무게 중심을 이동시켜야 한다. 그렇다면 이러한 논법의 근거는 무엇인가? 사람들은 남과 여, 지식의 정도, 가 치관, 문화, 출신지역, 연령, 전문성, 직업, 가정환경 등에 따라 생각 을 달리할 수 있기 때문이다.

아쉽게도 요즘 세상은 혼자 잘난 것처럼 행동하며 '나 중심적 사 고'로 행동하는 사람들이 많다. 자기의 이익을 위해서는 상대의 입장 을 무시해 버리거나 타인의 의견에 대해 경청의 자세도 부족하다. 이 런 현상은 함께 함으로써 더욱 큰 이익을 얻을 수 있다는 진리를 깨 닫지 못하기 때문이다.

누구에게나 '신의 한 수'가 있다. 즉 한 방이 있다. 신의 한 수는 그냥 오는 것이 아니다. '나만의 무엇'이며 타고 난 '천부적인 기질'이 다. 또한 각자 어려운 시기를 겪은 후 얻은 소중한 산물이다. 이러한 신의 한 수가 상생을 위해 함께 하면 시너지 효과는 극대화된다. 이 것은 '팀워크'와도 깊은 연관이 있다. 결국 이러한 다름들 때문에 세 상은 풍요롭고 여러 가지 모습으로 멋지게 돌아가는 것이다.

〈정리〉

동행을 한다는 것은 꿈과 비전, 목표를 향해 함께 나아가는 것이다. 누구에게나 '신의 한 수'가 있다. 신의 한 수는 그냥 오는 것이 아니다. 나만의 무엇이며 타고 난 천부적인 기질이다. 이러한 신의 한 수가 상생을 위해 함께 하면 시너지 효는 극대화된다. 결국, 이러한 다름들 때문에 세상은 풍요롭고 여러 가지 모습으로 멋지게 돌아간다.

〈삶으로 떠나는 질문〉

1. 당신은 함께 하고자 하는 비전과 가치는 무엇인가?
2. 당신이 가지고 있는 신의 한 수가 있다면 무엇이라고 생각하는가?
3. 당신이 나눔을 통해 선한 영향력을 행사한 사례는 무엇인가?

〈리더십 발휘를 위한 제언〉

1. 동행은 결국 상생을 의미한다. 상생하려면 다름을 인정해야 한다.
2. 당신만이 갖고 있는 '신의 한수'를 파악하고 함께 나눌 수 있는 방법을 강구하라.
3. 아이들은 당신의 등을 보고 자란다는 것을 명심하라.

3 통영

당신은 주인인가 머슴인가?

자연은 나에게 가난해지지 말라고 하지 않았다. 부자가 되라고도 말하지 않았다. 자연은 나에게 독립적으로 살라고 말했다(샹포르 격언집). 감동적인 문구다. 사람이 나에게 말한 것이 아니고 자연이 말을 했다. 그래서 이 말에 순응하고 싶다. '독립' 말만 들어도 가슴이 설렌다. 독립은 주도성, 주인이라는 어감이 있다. 독립은 머슴 같은 환경에서 해방되는 것이다. 나는 성장하면서 내가 주인이라는 생각을 별로 해 본 적이 없었다. 우리 가정은 자유를 돈으로 팔았기 때문이다. 궁색한 환경에서 호구지책 외에는 다른 것을 선택할 수 없었다.

주인의 삶은 자기 삶을 스스로 선택하고 그 결과에 대해서 책임을 지는 주도적인 삶이다. '주도성'은 단순히 솔선해서 사는 것 이상을 의미한다. 즉 스스로의 삶에 대해 책임을 져야 한다는 뜻이다. 머슴의 삶은 타인의 선택에 의해 살아가는 종속적인 삶이다. 이러한 삶은 재미가 없다. 우리는 어떤 일을 할 때 주도적으로 하고 그 책임도 져야 한다.

'책임감'이란 말은 당신이 어떻게 반응할지를 선택할 수 있는 능력을 말한다. 주도적인 사람은 이 같은 책임을 인정한다. 이들은 자신의 행동에 대해 분위기, 주변 여건, 무슨 영향 때문이라는 핑계를 대지 않는다. 주도적인 사람의 행동은 가치관에 기초를 둔 스스로의 의식적 선택의 결과이지 기분에 좌우되고 주변 여건에 영향을 받은 결과가 아니다.

5달

—

셀프리더십

셀프리더는

자신의 삶을 주도한다.

어려움 속에서도 가능성을 찾는다.

적극적으로 도움을 요청하고 나눈다.

성찰과 학습으로 성장을 추구한다.

몰입과 지속으로 삶을 체계적으로 변화시킨다.

셀프리더십은

나의 유일한 리더는 바로 나 자신이라는 것에서 출발한다.

그렇게 하려면, 내가 누구인지, 내가 무엇을 잘 하는지,

원하는 것이 무엇인지, 어떻게 살고 싶은지를 알아야 한다.

모소대나무 이야기

···

조엘 웰던(Joel Weldon)이 소개한 모죽(毛竹)이라는 대나무가 있다.
대나무 중에 최고로 치는 '모죽'은 씨를 뿌린 후 5년 동안 열심히 가
꾸어도 싹이 나지 않는다. 하지만 5년이 지난 어느 날 손가락만 한
죽순이 돋아난다. 주 성장기인 4월이 되면 갑자기 하루에 70~80cm
씩 쑥쑥 자라기 시작해 30m까지 자란다. 그렇다면 왜 5년이란 세월
동안 자라지 않았던 것일까? 의문을 가진 학자들이 땅을 파보았더
니 대나무의 뿌리가 사방으로 뻗어나가 10리가 넘도록 땅속 깊숙이
자리 잡고 있었다고 한다. 5년간 숨죽인 듯 아래로 깊이 뿌리를 내리
며 내실을 다지다가 5년 후 당당하게 세상에 모습을 드러낸 것이다.

많은 사람들은 참으로 쉽게 포기를 한다. 하지만 성공한 사람들의
공통점에는 포기를 모른다는 사실이다. 그들에게는 실패와 고생을
거듭해도 분명 성공할 날이 올 거라는 긍정적 기대로 차곡차곡 내실
을 다진다. 지금 이 시간이 미래의 성공을 위한 밑거름이 된다고 확
신한 것이다. 아무리 열심히 해도 발전은 없고, 언제나 제자리걸음
같아 포기하고 싶으면 '모죽'이 자라기 전 5년의 기간을 생각해 보자.

이 시간을 포기하지 않고 견뎌낸다면 '모죽'처럼 쑥쑥 자라기 시작할 것이다. 곧 그 기다림의 값어치를 다할 순간이 올 것이다. 세상에서 가장 높은 대나무로 쑥쑥 커 갈 시간이 올 것이다(김난도의 『천 번을 흔들려야 어른이 된다』 중에서).

대나무는 가늘고, 길고, 잎이 많다. 그래서 바람이 강하게 불면 부러질 것 같지만 부러지지 않는다. 왜 그럴까? 마디가 있기 때문이다. 대나무는 마디가 촘촘할수록 강하다. 대나무 뿌리 바로 윗부분을 보면 마디가 촘촘하다. 초등학교 시절 은사님들이 마디가 촘촘한 대나무회초리를 들고 다닌 것을 본 경험이 있다. 휘둘러 쳐도 부러지지 않기 때문에 안성맞춤이었을 것이다.

만약 대나무에 마디가 없거나 있다고 해도 마디의 간격이 너무 넓으면 지탱하지 못하고 꺾어지고 만다. 대나무의 마디를 우리 인생으로 보면 유사한 점이 있다. 우리 인생에 있어서 새로운 경험, 도전, 목표는 삶의 마디다. 우리의 삶도 마디가 많을수록 역량이 풍부해지고 어떤 어려움도 극복할 수 있는 내공이 생긴다. 도전을 해서 실패는 있을지언정 포기하지 않는 삶이 중요하다. 쉽게 포기하다 보면 자신감을 잃게 되고 도전하고자 하는 의욕도 상실하게 된다. 성공의 크기는 얼마나 많이 실패를 했느냐에 달려 있다고 본다.

피카소가 3만 장의 그림을 그릴 수 있었던 것은 수많은 작은 실패가 모여서 발전을 이루었기 때문이다. 노년의 파블로 피카소가 스페인의 한 카페에 앉아 냅킨에 그림을 끄적거리고 있었다. 그는 무덤덤한 태도로 그때그때 자기가 그리고 싶은 그림을 쓱쓱 그렸다. 옆자리에 앉아 있던 한 여성이 그 모습을 바라보며 감탄하고 있었다. 몇 분 뒤 커피를 다 마신 피카소는 자리를 뜨기 전에 냅킨을 구겨서 버리려고 했다. 여성이 피카소를 불렀다. "잠깐만요. 제가 냅킨을 가져도 될까요? 사례는 해드리겠습니다." 피카소가 답했다. "2만 달러입니다." 깜짝 놀란 여성은 "뭐라고요? 그리는데 2분밖에 안 걸렸으면서" 피카소가 말했다. "아니요? 60년 넘게 걸렸습니다."라며 피카소는 냅킨을 주머니에 쑥 넣은 뒤 카페를 나갔다. 피카소는 그의 생애 중 마지막 17년을 함께한 반려견인 닥스훈트 〈럼프〉를 형상화하여 그림을 그렸다. 그 그림은 한 붓 그리기로 유명한데 가격이 무려 8,400만 불(한화 850억 정도)이다. 피카소가 화가로서 그의 전문성을 인정받기까지는 수십 년이라는 세월을 기다려야 했다.

하루하루 멋진 미래를 꿈꾸며 도전하는 삶이 되면 좋겠다. 도전하다가 난관에 부딪히더라도 "난 왜 이렇게 안 될까? 난 정말 능력이 없어. 이걸 어떻게 해? 난 안 돼. 그냥 포기할래." 등의 부정의 언어를 사용하면 안 된다. 부정의 언어는 포기를 견인하기 때문이다. 성공하는 사람들은 이렇게 말한다. "그래. 쉽게 될 거면 누구나 했겠지? 분명 성공할 날이 올 거야! 지금 고생이 분명 미래에 내가 성공하기 위한 밑거름으로 작용할 거야. 조금만 더 해보자. 난 할 수 있어!"라는 긍정의 언어를 사용한다. 왜냐하면 긍정의 언어와 함께하면 엄청난 실행력을 보이기 때문이다.

우리는 이제 막 땅속에 심어진 모죽이다. 당장의 내 노력이 눈에 보이지 않아 모든 일이 어렵고 다른 사람들로부터 인정받지 못하고 등한시되더라도 실망하거나 힘들어하지 말자. 내 능력으로는 너무 벅차다거나 벽이 높다고 망설이는 사람들은 여기서 얘기하는 모죽을 생각해 보자. 우리는 지금 모죽처럼 세상을 놀라게 하려고 땅속 깊숙한 곳에서 주변의 십 리까지 뿌리를 내리고 있는 과정이라고 생각하자.

'시작이 반'이라는 말이 있다. 준비가 철저하면 시작은 반이 아니라 그 이상이 될 수도 있다. 모죽과 같이 때를 기다리거나 기회가 주어질 때까지 차곡차곡 자신의 힘(능력)을 쌓는 자만이 쓰이는 인물이 될 것이다.

앞이 캄캄하고 현실이 막막하다고 포기하지 말자. 비바람이 몰아치면 별이 보이지 않는다. 구름에 가려서 별이 보이지 않는다고 하여 별이 없어진 것은 아니다. 나를 튼튼히 받쳐주고 확고한 성장의 밑거름이 되어 줄 신념과 경험이라는 뿌리를 깊고도 넓게 내려야 한다. "I can do it. You can do it."

〈정리〉

당장의 내 노력이 눈에 보이지 않아 모든 일이 어렵고 다른 사람들로부터 인정받지 못하고 등한시되더라도 실망하거나 힘들어하지 말자. 내 능력으로는 너무 벅차다. 혹은 벽이 높다고 망설이거나 포기하려는 사람들은 여기서 얘기하는 모죽을 생각하자.

〈삶으로 떠나는 질문〉

1. 당신이 하고 있는 일 중에 모죽과 같은 사례가 있는가?
2. 하고 있는 일이 성과로 나타나지 않아서 포기한 일은 있는가?
3. 주변으로부터 인정받지 못해 실망하거나 포기한 적이 있는가?

〈리더십 발휘를 위한 제언〉

1. 우리 인생에 있어서 새로운 경험, 도전, 목표는 삶의 마디다. 우리의 삶도 마디가 많을수록 역량이 풍부해진다.
2. 어렵고 힘든 일이 있을 땐 모죽을 생각해보라.
3. 도전하고 있는 일이 있으면 긍정적인 상상과 인내심을 가지고 임하라.

문제의 싹은
미리 잘라라

여러분은 아주 사소한 일이라고 생각하고 그냥 넘겼다가 낭패를 본 적 있는가? 사소한 일에 목숨을 거는 것처럼 어리석은 일도 없겠지만 그렇다고 사소한 일이라고 마냥 무시해서는 안 된다. 어떤 일이든 조짐은 쉽게 드러나지 않으므로 간과히기 쉽다. 하지만 불씨를 남기지 말아야 후환이 없다. 그러기 위해서는 과감한 결단력과 승부사적 기질이 필요하다. 리더는 지나친 자신감으로 사소한 문제가 발견되었음에도 불구하고 일을 밀어붙이는 것을 경계해야 한다. 어리석은 리더는 어떤 문제가 형체를 이루어 나타나도 그것을 알아차리지 못하고 자신의 틀에 갇혀 있을 때가 있다.

필자가 여름휴가 시 직업군인으로 근무 중인 지인과 함께 충청도 모처에 있는 계곡에 갔었다. 하필 비가 많이 내리는 시기여서 계곡물이 많이 불어나 있었고 물살도 매우 거셌다. 휴가를 즐기는 사람들이 꽤 많았는데도 불구하고 안전에 대한 감각과 조치는 매우 부실했다. 접근 금지선도 없었고 계곡물을 건너갈 때 의지할 수 있는 밧줄도 없었다. 그리고 물가 주변은 뾰족한 돌멩이들이 산재하고 있어 맨발로 이동하려면 발바닥이 아프고 다칠 수도 있는 상황이었다. 물가에서 튜브를 타고 놀던 아이들을 보니 사고가 날 수 있는 작은 징후들이 나타나기 시작했다. 그런데 주변 사람들은 그런 징후들을 대수롭지 않게 생각하며 물놀이를 즐기고 있었다. 이러다가 사고가 날 수 있겠구나! 우리 일행은 긴장된 상태로 경계를 늦추지 않고 있었다.

바로 그때 40대쯤 되어 보이는 한 여자가 튜브를 타고 놀다가 물살이 센 중간지역으로 이탈되어 소리를 지르며 떠내려가고 있었다. 가까이에 있는 주변 사람들이 많이 보고 있었지만 도와 달라는 신호를 인식하지 못하고 단지 "물놀이가 즐거워서 소리치나?"라는 생각으로 간과했다. 그런데 우리 일행은 위험에 대해 긴장을 하고 있었던 터라 그 상황을 보자마자 사고구나! 도움을 요청하는구나! 라고 직감했다. 조금만 더 떠내려가면 울뚝불뚝 튀어나온 암초에 걸려 튜브가 뒤집힐 것은 뻔했다. 튜브에서 몸이 이탈되어 떠내려가게 되면 암초에 머리를 부딪혀 대형사고로 이어지겠다는 생각이 들었다.

우리 일행은 물가에서 30여 미터 높은 지역에 위치한 평상에 있었고 물가까지는 급경사가 심해 이동하기가 쉽지 않았다. 일행 중 현역 군인이 조건반사적으로 뛰어 내려가 급류에 휩쓸리고 있는 튜브를 잡아 물 밖으로 끌어냈다. 계곡물 가까이 이르는 지역은 땅바닥이 날카로운 돌멩이들이 가득 차 있었기 때문에 빠른 이동이 불가능했다. 하지만 현역군인은 신발을 신을 겨를도 없이 맨발로 신속히 뛰어가 위험에 처한 사람을 구조했다. 구조 이후 알았지만 바로 그 주변에는 남편도 있었는데 그냥 장난치는 걸로 알았다고 한다. 구조 후 부부 싸움을 하는 상황을 지켜보면서 문제를 문제로 인식하지 못하는 어리석음에 안타까운 마음이 가시질 않았다.

모든 사고는 우연히 일어나지 않는다. 하인리히는 그의 연구에서 1:29:300의 법칙을 제시했다. 그는 보험사에 접수된 5만 건의 사건사고 사례를 분석해 하나의 통계적 법칙을 발견했다. 산업재해가 발생해 중상자가 한 명 나오면 같은 원인으로 발생한 경상자가 29명, 부상을 당할 뻔한 잠재적 부상자가 300명이었다는 결과였다. 사고는 어느 날 갑자기 발생한 것이 아니라 이전에 경미한 징후들이 반복되고 그 과정 속에서 큰 사고가 발상한다는 것을 실증적으로 밝힌 것이다.

사소한 문제가 있을 때 이를 꼼꼼히 살펴 잘못된 점을 시정하면 대형사고를 사전에 방지할 수 있는데 징후가 나타났음에도 불구하고 이를 무시하고 방치하면 돌이킬 수 없는 대형재난으로 번질 수 있다는 것을 알아야 한다.

빙산의 일각이 드러나면 그 아래에는 이미 거대한 산이 숨겨져 있다. 문제의 움직임이 포착되었다면 그것이 아무리 작은 것이라도 대책을 강구하는 것이 험난한 시대를 살아가는 혜안이 될 수 있다. 우리 속담에 "호미로 막을 일을 가래로 막는다."라는 말이 있다. 사소한 일을 경계하지 못해 대형사고에 이르게 하는 어리석음을 의미하는 말이다. 불안전한 상황에 대처하려면 문제가 될 만한 싹은 미리 없애야 하고 자신을 둘러싼 주변의 움직임에 기민하게 대응해야 한다.

자녀교육도 마찬가지다. 어릴 때 아이가 어느 분야에 관심이 있고 소질이 있는지 진단을 해보아야 한다. 부모가 좋다고 해서 소질이 없는 분야에 아이를 내몰다 보면 반드시 실패하게 되어 있다. 멸치를 잘 먹인다고 해서 고등어가 될 수는 없다. 아이가 관심이 있고 소질이 있는 분야에 집중적으로 투자를 해야 한다. 예를 들어 공부에 소질이 없는 아이에게 오직 공부만 강제한다면 문제의 싹이 자라나게 된다. 문제의 싹을 빨리 자르지 않으면 자녀가 받는 스트레스는 물론 실패의 확률도 높아서 좌절감과 자존감을 떨어뜨리는 결과를 초래할 수 있다. 교육비도 만만찮은데 자원의 투입은 계속되고 성과는 나타나지 않는 기이한 현상이 계속될 것이다. 대학은 성적에 가로막혀 원하는 학과를 선택하지 못하고 졸업 후에는 전공학과에 무관한 취업을 하게 됨으로써 점점 상황이 악화되는 상황에 직면하게 된다.

직업은 좋고 나쁨이 없다. 다른 사람에게는 좋은 직업이라도 나에게는 그렇지 않은 경우가 있다. 중요한 것은 내가 좋아서 스스로 선택한 직업이어야 한다. 그래야 몰입할 수 있고 일을 놀이하듯이 할 수 있다. 모소대나무가 말해 주듯이 인내심을 가지고 꾸준히 노력하면 당장은 성과가 나타나지 않더라도 언젠가는 한꺼번에 보상이 되는 큰 성과물을 보게 될 것이다.

요즘은 유아 때 다중지능검사를 하는 가정이 많다. 이 검사는 인간의 지능이 언어, 음악, 논리수학, 공간, 신체운동, 대인관계, 자기이해, 자연탐구 지능과 같이 독립된 8개 영역의 지능으로 구성되어 있으며, 다양한 지능의 조합으로 수많은 재능이 발현된다는 하워드

가드너(Howard Gardner)의 다중지능이론에 근거하여 만들어졌다. 자녀교육도 자녀의 특성을 고려해서 시간과 돈을 투자한다면 개인-가정-사회가 선순환 구조를 형성하게 되어 모두에게 유익한 환경을 제공할 것이다.

〈정리〉

모든 사고는 어느 날 갑자기 발생한 것이 아니라 이전에 경미한 징후들이 반복되고 그 징후들이 작은 사고로 이어지고 그 과정 속에서 큰 사고가 발생한다. 부모가 좋다고 소질이 없는 분야에 아이를 내몰지 말아야 한다. 공부에 소질이 없는 아이에게 오직 공부만 강요하면 문제의 싹이 자라나게 된다. 문제의 싹을 빨리 자르지 않으면 자원의 투입은 계속되고 성과는 나타나지 않는 상황에 직면하게 될 것이다.

〈삶으로 떠나는 질문〉

1. 당신은 문제의 움직임을 포착하지 못하고 큰 화를 당한 일이 있는가?
2. 당신은 문제의 징후를 사전에 발견하고 적시에 대처한 사례가 있는가?
3. 믿는 도끼에 발등 찍힌 적이 있는가? 그때의 징후에 대해 생각해보자.

〈리더십 발휘를 위한 제언〉

1. 불안전한 상황에 대처하려면 문제가 될 만한 싹은 미리 없애야 한다.
2. 리더는 지나친 자신감으로 사소한 문제가 발견되었음에도 불구하고 일을 밀어붙이는 것을 경계해야 한다.
3. 어리석은 리더는 어떤 문제가 형체를 이루어 나타나도 그것을 알아차리지 못하고 자신의 틀에 갇혀 있을 때가 있다.

내 인생의
결정적인 선택

인생을 살다보면 하고 싶은 것은 많은데 자원의 희소성으로 인해 우리는 늘 선택의 문제에 직면한다. 무엇인가를 얻기 위해서는 다른 어떤 것을 포기해야만 하는 상황에 놓이게 되는 것이다. 우리가 무엇인가를 선택함으로써 포기한 것의 가치를 경제학에서는 '기회비용'이라고 한다.

장 폴 사르트르(Sartre, Jean-Paul, 1905~1980)는 인생은 B(Birth)로 시작해서 D(Death)로 끝나는데 그사이 C(Choice)가 있다고 했다. 사르트르 말대로 모든 사람은 태어난 순간부터 한 시도 멈추지 않고 죽음을 향해 돌진하고 있다. 절망할 수밖에 없는 우리에게 다행스러운 것은 신이 B와 D 사이에 C(choice)를 주셨다는 사실이다. 태어나고(Birth) 죽는 것(Death)은 하늘의 뜻이지만 C(Choice)는 전적으로 자신에게 달려 있다.

사람은 눈을 감는 순간까지 한순간도 멈추지 않고 끊임없이 선택의 기로에 서게 되지만, 그 선택에 따라 우리의 삶과 미래는 결정되고 있다. 여기에서 choice는 자신의 삶을 바꾸겠다는 선택 즉 목표이다.

우리 삶이 재미가 없는 이유는 무엇일까? 궁극적으로 보면 선택의 자유를 박탈당했기 때문이다. 따라서 선택의 자유는 인간존재의 근거라고 볼 수 있다. 흔한 예로 여러분은 부부가 함께 TV를 본다면 리모컨을 누가 장악하고 있는가? 식탁의 메뉴는 누구의 취향에 의해 결정되는가? 용돈은 누구의 계획에 의해 주어지는가? 내 삶에 있어서 주도권의 문제는 내가 선택했는가 아닌가에 의해 결정된다. 선택은 자신이 진정으로 원하는 일이어야 하고 선택이 되면 목표를 명확히 하여 그것에 집중해야 한다. 삶을 유지하기 위한 최소한의 선택들, 일상 속에서 선과 악의 선택, 또한 가치관과 직업, 배우자의 선택은 평생 자신의 행불행의 조건들이다.

내 인생의 전반전을 들여다보면 50세가 될 때까지 많은 선택과 결정을 요구받으며 살아왔다. 그러나 당면한 문제들을 스스로 선택하고 결정해서 추진했던 것들은 그리 많지 않았다. 다만 순간순간 주어진 틀 안에서 책임과 의무를 성실히 수행하며 살았던 기억들로 가득하다. 그래서 그런지 내 인생의 전반전은 무언가 아쉽고 허전함을 떨쳐 버릴 수 없다.

필자는 50대 초에 퇴직했고, 퇴직 전 1년 동안은 전직을 위한 직업보도기간을 가졌다. 그 기간 중 다니던 직장에서 5년간의 계약직 근무를 요청받았다. 보수도 퇴직 직전 수준이고 업무도 어렵지 않은 일이었다. 향후 5년간을 안정되게 사느냐? 새로운 인생을 위해 도전하느냐? 선택의 귀로에 서게 되었다. 전반전은 스스로 선택할 수 있는 것들이 많지 않아 머슴처럼 살았기 때문에 후반전은 내 인생을 스스로 선택해 여생을 주인처럼 살고 싶었다. 그런데 아내는 5년간 더 직장에 다니면서 안정되게 살자는 것이었다. 중대한 선택의 기로에서 고민이 많았지만, 한 번뿐인 인생을 주인공처럼 살고 싶다는 생각이 마음을 지배했다.

나무는 꽃을 버려야 열매를 맺고, 강물은 강을 버려야 바다에 이른다. 밀림의 타잔은 계곡을 횡단할 땐 수 개의 줄을 릴레이식으로 잡고 건넌다. 그런데 목적지까지 가기 위해서는 잡고 있는 줄을 놓고 다시 새 줄을 잡아야 한다. 지금 잡고 있는 줄을 놓지 않고 계속 잡고 있으면 다시 제 자리로 돌아오고 말기 때문이다.

필자는 인생의 후반전을 주변의 반대에도 불구하고 새로운 것을 향해 도전하기로 했다. 인생의 전반전은 조직에서 준 봉급으로 살았으니 이제는 필자 스스로가 다른 사람에게 일자리도 만들어 주고, 도움을 주는 일을 하고 싶었다. 그래서 리더십 강사로 활동하면서 교육콘텐츠를 개발하고 수요처에 사업을 제안하는 일을 시작했다. 이 일을 선택한 이유는 물적 자본이 없어도 할 수 있는 일이고, 여러 명이 함께 할 수 있는 일이고, 개인과 조직을 변화시킬 수 있는 일이어서 보람이 큰일이라고 생각했기 때문이다. 이 일을 시작한 지 10여 년이 되고 있다. 처음 1~2년간은 관련 경험과 전문성 부족, 사회 환경의 부적응, 인적네트워크의 미비 등 역량 부족으로 인해 고전한 적도 많았지만 '열정' 하나로 버텼던 거 같다. 지금은 어느 정도 안착되어 가고 있다.

퇴직 직전 안정이냐? 도전이냐? 선택의 갈림길에서 '도전'을 선택한 나의 결정이 지금은 참으로 옳았다는 생각을 하고 있다. 생활도 안정되고, 일도 즐겁고, 좋은 사람들과 교제도 하고, 일과시간도 자유스럽게 조정할 수 있다. 그러나 무엇보다도 다행스러운 것은 후반전의 내 인생을 머슴이 아닌 주인으로 살고 있다는 것이다.

주어진 일만 하면 안 된다. 일을 스스로 만들 수 있고, 스스로 찾아서 해야 한다. 일이 먼저 당신을 찾아오면 당신은 '일의 노예'가 되고 당신이 먼저 일을 찾아가면 당신은 '일의 주인'이 될 수 있다. 일의 주인으로 살려면 누군가가 만든 일을 처리하기보다 내가 먼저 일을 만들 수 있어야 한다.

우리는 태어나서 죽을 때까지 끊임없이 선택과 결정을 요구받고 있다. 그리고 그 선택에 따라 우리의 삶과 미래는 결정된다. 그러나 갖고 있는 자원의 한계 때문에 원하는 모든 것을 취할 수는 없다. 반드시 기회비용이 발생할 수밖에 없다. 따라서 한 번 선택한 것은 차별화와 집중화를 통해서 극복해야 한다. 뜻을 같이하는 사람들이 모여서 지식을 통합하고 새로운 것을 창조할 때 시너지는 더욱 커지고 함께 성공할 수 있을 것이다.

〈정리〉

우리 인생에 있어서 "주인과 머슴의 차이는 본인의 인생을 스스로 선택했느냐? 그렇지 않느냐의 차이"다. 일이 먼저 당신을 찾아오면 당신은 '일의 노예'가 되고 당신이 먼저 일을 찾아가면 당신은 '일의 주인'이 될 수 있다.

〈삶으로 떠나는 질문〉

1. 당신의 주인으로 살고 있는가? 머슴으로 살고 있는가?
2. 당신의 삶에 주인이 되려면 어떻게 살아야 하겠는가?
3. 기회비용이란 무엇인가?

〈리더십 발휘를 위한 제언〉

1. 살다 보면 늘 선택에 직면하게 된다. 그리고 선택에 따라 우리의 삶과 미래는 결정된다.
2. 태어나고(Birth) 죽는 것(Death)은 하늘의 뜻이지만 선택(Choice)은 전적으로 자신에게 달려 있다.
3. 한번 선택한 것은 차별화와 집중화를 통해서 원하는 목적을 달성해야 한다.

실행이 존재다

조직이든 개인이든 실패에 빠지는 가장 큰 이유는, 성공하고 싶은 '마음'만 굴뚝같고, 그것을 실행할 '몸'은 움직이지 않는 데 있다. 이 것을 '공염불(空念佛)'이라 한다. "이신교자종 이언교자송(以身教者從 以言敎者訟), 즉 몸으로 가르치니 따르고 말로 가르치니 따지더라."라 는 말이 있다. 지식이라는 것도 머릿속에 들어앉아 있으면 아무 의 미가 없다. 그것이 밖으로 빠져나와 행동으로 옮겨졌을 때 비로소 그 가치가 발휘될 수 있다. 그리고 반복된 행동을 통해서 우리 몸에 안착되면 되면 그것이 습관이 되고 우리의 운명도 바꿀 수 있게 되 는 것이다. 또한 습관이 된 행동은 유사 상황이 주어지면 곧바로 조 건반사적인 행동으로 나타난다.

요즘 교육방법은 질문식·참여식·체험식 교육이 강조되고 있다. 이 것은 학습자들로 하여금 생각을 유도하고 체득화를 통해서 내면화 가 가능토록 위해서다.

필자는 자전거 타는 법을 중학생 시절에 배웠다. 그 당시만 해도 어려웠던 시절이라 우리 마을에 자전거가 한 대밖에 없었다. 자전거를 갖고 있던 집이 바로 아래에 위치한 친구 집이었다. 자전거를 무척 타보고 싶었기에 친구에게 가르쳐 달라고 했다. 그리고 동네 도로에서 자전거를 배우기 시작했다. 비틀거리고 넘어지기를 수십 번 반복하면서 무릎이 다치고 옷도 해졌다. 고생한 끝에 겨우 탈 수 있었다. 한편 비틀비틀거리면서 자전거 배우는 것을 발견한 아버지는 자전거를 배우지 못하게 했다. 왜 그랬을까? 그 이유는 자전거가 넘어져 고장이 나면 어려운 살림에 수리비용이 만만치 않기 때문이었다. 그러나 필자는 자전거의 유혹을 물리칠 수가 없어서 아버지 몰래 자전거를 배웠다. 그 당시 자전거를 배울 때는 이론이라는 게 없었고 오직 몸으로 부딪치는 학습이었다. 그 뒤 필자는 도시로 학교를 가게 되었고 졸업 후 직장생활로 이어지면서 자전거를 30년 이상 타지 못했다.

30년이 지난 어느 날 자전거를 타야 하는 행사가 있었다. 과연 자전거를 탈 수 있을지 궁금했지만 막상 자전거에 오르니 넘어지지 않고 잘 탈 수 있었다. 그 당시 자전거를 이론으로만 배웠으면 어떠했을까? 그 지식은 기억에서 사라져 버려 자전거를 탈 수 없었을 것이다. 그러나 몸으로 배웠기 때문에 반응하게 된 것이다. 그렇다. 지식은 행동화되었을 때 그리고 반복해서 체득화 되었을 때 비로소 빛을 발하게 된다. 생각을 실행에 옮기려면 다음과 같은 조치가 필요하다.

첫째, 두려움에 대한 실체를 이해하라. 실행이 쉽지 않은 것은 실패에 대한 두려움 때문이다. 두려움을 극복하는 가장 빠른 방법은 두려운 것을 실행해 보는 것이다. 사실 두려움의 실체는 없다. 자신감이 없는 틈을 메우기 위해 자신이 만들어 놓은 허상에 불과하다. 과거의 경험으로부터 실패할 것을 예상하고 실패를 피하고 싶은 마음에서 비롯되는 경우가 대부분이다. 두려움을 극복하려면 '그럼에도 불구하고 한다.'라는 진정한 용기가 필요하다.

둘째, 하는 것과 하지 않은 것의 중간지역을 벗어나라. 하는 것이라면 반드시 성과가 나타나야 하고, 하지 않는 것이라면 자원 투입이 없어야 한다. 필자는 하는 것도 아니고 하지 않는 것도 아닌 중간지역을 '블랙홀'이라고 명명하고자 한다. 블랙홀에 한 번 빠지게 되면 돌이킬 수 없다. 심지어는 패가망신하기도 한다. 블랙홀은 성과는 나타나지 않고 자원의 투입만 계속되는 최악이 상황이 계속되기 때문이다.

셋째, 실행에 집중할 수 있는 전략을 수립하라. 우리는 경쟁에서 이기기 위한 방법으로 전략을 구상한다. 전략은 실행에 집중함으로써 효과를 발휘할 수 있다. 그런데 전략과 실행의 중간 지점에 선택이라는 것이 있다. 선택은 취하고 버림의 원리이며 선택의 유무에 따른 기회비용이 발생한다. 따라서 선택이 된 부분은 것은 선택받지 못한 부분이 보상되도록 가용자원을 집중하여 최대의 성과를 창출해 내야 한다. 선택할 때에는 선택의 기준과 폭 그리고 통찰의 안목이 명확해야 한다. 여기서 선택의 기준은 실행하고자 하는 목표의 정도나 수준, 집행할 수 있는 예산 규모, 시행시기와 기간, 수행주체를 고려해야 한다. 그리고 선택의 폭은 준비된 역량이나 자원을 고려해야 한다. 통찰의 안목은 미래 트랜드를 읽을 줄 아는 능력에서 비롯되며 이것은 학습을 통해서 달성된다. 그러나 트랜드를 잘 읽어도 그리고 꿈을 가지고 있어도 그것이 생각으로 남아 있으면 안 된다. 반드시 실행을 통해 성과로 나타나야 한다.

〈정리〉

지식이라는 것도 머릿속에 들어앉아 있으면 아무 의미가 없다. 그것이 밖으로 빠져나와 행동으로 옮겨졌을 때 비로소 그 가치가 발휘될 수 있다. 전략과 실행의 중간 지점에 선택이라는 것이 있다. 선택할 때에는 선택의 기준과 폭 그리고 통찰의 안목이 명확해야 한다.

〈삶으로 떠나는 질문〉

1. 실행이 어려운 이유는 무엇인가? 실행을 위해 노력해야 할 부분은 어떤 것들이 있는가?
2. 전략을 실행하려면 실행 전 선택이 필요한데, 선택의 기준과 폭은 어떻게 정해야 하는가?
3. 두려움을 극복하려면 어떻게 하면 좋은가?

〈리더십 발휘를 위한 제언〉

1. 무언가 되기 위해서는 반드시 무언가를 해야 한다.
2. 하는 것과 하지 않은 것의 중간지역을 벗어나라.
3. 두려움에 대한 실체를 이해하라. 그래야 도전할 수 있다.

6달

팔로우 리더십

리더십은 비전을 제시하고 이끄는 능력이고 팔로워십은 리더를 도와 리더십을 완성시키는 것이다. 일찍이 아리스토텔레스는 "남을 따르는 법을 알지 못하는 자는 좋은 지도자가 될 수 없다"고 했다. 손뼉도 마주쳐야 소리가 나듯이 리더 혼자만 뛰어난 실력을 가지고 있거나 홀로 고군분투한다고 해서 성공할 수는 없다.

팔로우 리더십이란 리더에게 끌려가는 것이 아니라 내가 리더를 이끌어 간다는 생각으로 상사를 적절히 보좌하고 관리하는 능력을 말한다. 조직을 움직이는 리더와 팔로워는 파트너이다. 팔로워십의 핵심은 리더의 부족한 부분을 채워 공동 목표를 달성할 수 있도록 하는 것이다.

리더십이 효과적으로 발휘하려면 팔로워십(followership)이 뒷받침되어야 한다. 진정한 팔로워십을 거친 자만이 훌륭한 리더가 될 수 있다. 누구나 리더를 꿈꾸지만 조직 구성원 모두가 리더가 될 수는 없다. 팔로워십의 핵심은 다음과 같다.

첫째 역지사지의 마음으로 리더를 이해해야 한다. 리더와 부하는 '역할 차이'라는 점을 인식하고 '자신의 자리에서 최고의 역할'을 하도록 노력해야 한다. 또한 리더를 비평하기 전에 자신의 모습을 돌아볼 수 있어야 한다.

둘째, 분명한 대안을 겸손하게 제시해야 한다. 예스맨이 아닌 창조적인 비판력을 견지하고 겸손하게 자신의 의견을 표명한다. 불평불만은 리더와 자신의 신뢰와 명예를 잠식시킬 뿐이다.

셋째, 조직 목표와 자신의 목표를 일치시킨다. 전체 이익과 개인의 이익이 따로 일 때, 개인의 노력과 열정은 분산되어 좋은 성과를 이룰 수 없다.

축구와 인생의
공통점

축구와 인생은 공통점이 많다. 주요 공통점은 전반전과 후반전이 있다. 역전승이 있다. 긴밀한 협조와 전략이 필요하다. 태클이 들어온다. 반칙하면 퇴장당한다. 부단한 자기계발이 필요하다. 하프타임(10분 휴식)이 있다 등등. 여기에서 가장 신나는 것은 어떤 것일까? 바로 역전승이다. 한 번에 이기는 것보다 지고 있다가 이기면 훨씬 더 짜릿하다. 그렇다면 축구의 묘미는 무엇인가? 골대에 골을 넣어 승리하는 것이다. 이때 골대는 팀원이 전진해야 할 지향점이고, 골은 승리를 위한 목표(goal)이다.

축구에는 전반전이 끝나고 후반전을 시작하기 전에 중요한 하프타임(10분)이 있다. 이러한 하프타임은 세 가지 특성이 있다.

첫째는 '짧다.' 왜냐하면 전반전이 끝났으니 휴식도 필요하고, 경기결과에 대한 피드백도 해야 하고, 후반전을 위한 전략도 수립해야 하는데 10분밖에 안 되기 때문이다. 둘째는 '중요하다'. 전반전보다는 후반전이 더 중요하기 때문이다. 하프타임은 후반전을 대비하기 위한 마지막 기회이다. 만약 후반전에 진다면 만회할 기회가 없고, 무승부가 되면 노력의 의미가 없다.

셋째는 '역전전략'이다. 이 시간은 전반전을 만회하기 위한 혹은 전반전의 성과물을 지키기 위한 역전전략이나 굳히기 전략을 수립해야 하는 매우 중요한 시간이다.

우리도 100세 시대를 맞이하여 인생 2모작과 인생역전을 꿈꾸며 정년퇴직 직전에 하프타임을 갖는다. 축구가 후반전이 중요하듯이 우리 인생도 노후가 좋아야 한다. 노후가 편안하려면 정년이 끝나는 시점에서 후반 인생을 준비하기 위한 하프타임(전직준비기간)을 잘 활용해야 한다. 전반전 인생이 만족스럽지 못했다면 이 기회에 역전인생을 설계할 수도 있다. 인생 2모작을 준비하는 하프타임의 핵심은 인생역전을 위한 전략을 수립하는 것이다.

우리가 살고 있는 공동체에서도 축구와 유사한 점들이 많다. 축구는 고도의 팀워크와 코치가 필요하다. 혼자 잘한다고 맘대로 해버리면 팀워크가 깨져 결국 실패하게 된다. 팀워크를 통해 시너지가 발휘되도록 하려면 코치의 리더십이 매우 중요하다.

축구는 오케스트라 연주와 비슷한 점도 있다. 오케스트라 연주를 보면 몇 가지 의문점이 생긴다. 어떤 파트는 계속 열심히 연주하는데 어떤 파트는 가만히 앉아 쉬는 것 같고, 또 다른 파트는 띄엄띄엄 어쩌다 한 번씩 악기를 연주하는 것을 볼 수 있다. 그렇다고 개개인의 연주 비용을 차등하여 지급하지 않는다.

밀레니엄오케스트라 상임지휘자인 서희태는 그의 강연에서 오케스트라 연주에 대해 말했다. 실제 같은 곡에서 악기별로 연주하는 음표의 수와 연주시간은 많이 다르다. 만약에 음표 하나에 가격을 매긴다면 바이올린은 1원, 첼로는 10원을, 트럼펫은 100원, 튜바는 1,000원, 팀파니는 10,000원이 될 것이다. 그러나 연주 횟수와 관계없이 연주비용은 모든 단원에게 똑같이 주어진다. 여기서 중요한 것은 연주 횟수가 많은 바이올린 연주자가 트럼펫이나 팀파니 연주자에게 계속 연주하지 않는다고 불만을 표시하지 않는다. 왜냐하면 각자 맡은 역할이 있고 제때에 자기 역할을 얼마나 잘 수행하느냐가 더 중요하다는 것을 알고 있기 때문이다. 관악기는 입술과 호흡으로 연주하기 때문에 입술근육이 쉽게 피로를 느낀다. 그래서 현악기보다 잦은 휴식이 필요하다. 그런데 관악기보다 훨씬 적게 연주하고 피로도도 적을 것 같은 파트가 있다. 바로 타악기다. 연주하는 내내 거의 쉬는 것처럼 보인다. 바이올린 연주자들은 많아서 한 사람이 실수해도 그것이 잘 드러나지 않는다. 그러나 타악기 연주자가 실수한다면 사소한 것도 금방 드러나게 된다. 상대적으로 긴장감과 엄청난 집중력을 요하는 것이 바로 타악기이다. 오케스트라에서 중요한 것은 악기가 얼마나 자주 등장하느냐가 아니라 제때에 제 역할을 얼마나 훌륭하게 해내는지가 더 중요하다.

축구경기도 오케스트라 연주처럼 각자의 위치와 역할에 따라 활동공간과 운동량의 차이가 많다. 그렇다고 경기가 종료된 후 그 경기에 대한 게임머니를 차등하여 지급하지는 않는다. 움직임이 많은 공격수를 많이 주고, 움직임이 상대적으로 적은 풀백이나 골키퍼를 적게 준다면 팀워크가 깨지고 동기부여도 되지 않아서 시너지효과를 낼 수 없을 것이다. 왜냐하면 최종적으로 승리라는 목표(goal)를 달성하기 위해서는 각 선수가 똑같이 중요하기 때문이다. 즉 각자 위치에서 팀워크를 발휘하여 상대 골대에 골을 넣거나, 상대의 공격을 막아 낼 수 있다. 축구에서 어느 위치가 중요하냐고 묻는다면 그 답을 찾기가 쉽지 않다.

100세 시대를 4단계로 나누면 다음과 같다. 1단계는 태어나서부터 취업 혹은 창업(30세)까지다. 2단계는 취업부터 정년퇴직(60세)까지이다. 3단계는 정년퇴직부터 은퇴(90세)까지이다. 4단계는 은퇴부터 하늘나라로 갈 때(100세)까지이다. 인생 2모작은 정년퇴직부터 시작이다. 정년퇴직을 'Retire'라고 한다. 즉 타이어(tire)를 다시 갈아(re) 끼운다는 의미이다. 타이어를 갈아 끼울 시기를 놓치면 노후가 위험해진다. 그리고 안전하고 성능이 좋은 타이어를 선택해야 한다. 재생타이어는 위험하고 수명도 짧기 때문이다. 인생의 2모작 전략은 경제성보다는 "하고 싶고, 잘 할 수 있고, 즐거울 수 있는 일"을 선택해야 한다. 이 중에서 가장 으뜸은 '즐거울 수 있는 일'이라고 생각한다.

결론적으로 축구가 후반전이 중요하듯이 우리 인생도 노후(2모작)가 좋아야 한다. 그리고 후반전을 잘 마무리하기 위해서는 전반전이 끝난 후 하프타임을 잘 활용해야 한다. 그래야 인생에 있어서 주도권을 계속 유지할 수 있고 역전도 가능하다. 모든 스포츠 종목에는 '팀'이라는 글자가 따라다닌다. 축구팀, 야구팀 등등. '팀'이란 공동의 목표(goal)를 달성하기 위해 각기 다른 특성을 가진 개체가 모여 각자의 위치에서 제 역할을 다함으로써 시너지 효과를 내는 조합을 말한다. 예를 들어 축구팀이 공격수로만 이루어졌다면 그것은 팀이 아니다. 팀은 각자의 포지션과 역할이 다르다. 우리가 속해 있는 공동체나 조직(팀) 운영도 마찬가지다. 리더는 각자의 위치와 역할(업무분장)을 분명히 정해주어야 하고 구성원 모두는 각자의 위치와 역할을 존중해야 한다. 또한 리더는 그들이 맡은 바 소임을 다할 수 있도록 분위기를 만들어 주고 업무의 성과를 모두가 똑같이 공유할 수 있도록 세심한 배려를 해야 한다. 이러한 조건이 성숙된다면 팀은 활성화되고 목표(축구에서의 goal)는 성공적으로 달성할 수 있다.

〈정리〉

조직, 축구, 오케스트라, 우리의 삶 등 공동체에서는 팀워크가 필요하다. 각자의 위치가 필요하고 그 위치마다 역할이 다르다. 각자의 역할을 존중하고 목적지를 향해 모두가 한 방향으로 움직여야 승리(성공)할 수 있다.

〈삶으로 떠나는 질문〉

1. 축구와 인생이 같은 점은 무엇인가?
2. 당신은 인생 2막, 역전승을 위해 어떤 전략을 수립하고 있는가?
3. 팀이란 무엇인가? 공동체에서 팀워크를 발휘하려면 어떤 노력이 필요한가?

〈리더십 발휘를 위한 제언〉

1. 인생 2막을 위한 선택과 전략을 수립하고 실행을 위한 환경을 구축하라.
2. 팀워크가 요구되는 상황에서는 업무분장을 잘하고 각자의 역할을 존중하라.
3. 인생 2막에도 주도권을 유지할 수 있는 일을 선택하라.

전문성과 팀워크

열심히 하는 것이나 최선을 다하는 것 모두가 성과를 내는데 필요한 가치이다. 그러나 필요충분조건은 아니다. 어떤 것을 실행함에 있어서 완전하게 결과를 내려면 전문성이 확보되어야 한다. 이러한 전문성은 하루아침에 확보되는 것은 아니다. 지속적인 반복과 시행착오를 거치면서 다듬어지는 것이다. 예를 들어 의사가 환자를 수술대에 눕혀놓고 제가 경험이 부족하지만 최선을 다해 수술하겠다고 하면 어떤 반응을 보일까? 아마 환자는 깜짝 놀라 수술대에서 일어나 도망칠 것이다.

전문가가 되는 법칙에 '일만 시간의 법칙'이 있다. 일만 시간의 법칙이란 어느 분야에 위대한 성공을 거두기 위해서는 일만 시간의 노력이 필요하다는 것을 말한다. 예를 들어, 한 분야를 하루에 세 시간씩 1년(대략 1,000시간 정도)을 투자하면 알기 시작하고, 3년(대략 3,000시간)을 투자하면 보이기 시작하고, 십 년(대략 10,000시간)을 투자하면 그 분야에서 최고가 된다는 것을 뜻한다. 이 개념은 미국 콜로라도대학교의 심리학자 앤더스 에릭슨의 논문에서 처음 사용되었으며 말콤 글래드웰이 자신의 저서 『아웃라이어』에서 인용하면서 널리 알려졌다.

이 법칙에 대해 이런 질문을 하는 사람들이 있다. 저는 학창시절에 10년 이상을 매일 3시간 이상씩 공부했는데 왜 지금 전문가가 되어 있지 않을까? 그리고 똑같이 노력하는데 왜 누군가는 더 나은 결과를 얻을까? 만약 그렇다면 당신이 알고 있는 일만 시간의 법칙은 방법을 바꿔야 하지 않을까? 단순히 투자만으로는 실력이 향상될 수 없다. 늘 하던 방식대로 하거나, 어려운 것을 피하면서 하면 안 된다. 목적의식을 명확히 하고 체계적으로 계획을 짜고 매 순간 자신의 한계에 도전해야 한다.

아는 것과 잘하는 것은 근본적으로 다르다. 그것의 차이는 바로 1만 시간의 법칙을 통한 '반복'이다. 필자는 강의를 할 때 다음과 같은 이야기를 하곤 한다. 새로운 것을 배우려는 자세는 높이 사지만 그러한 자세가 반드시 성과를 만드는 것은 아니라고 말한다. 지금 배워서 그것을 성과로 이끌려면 1만 시간 즉 10년의 반복이 필요하기 때문이다.

한편 10년을 기다리기엔 너무 오랜 시간이고 10년 후의 모습도 구체적으로 보이지 않는다. 그리고 어제 배운 것이 오늘 소외되는 초광속시대이다. 그럼 시간을 초월해서 성과를 달성하려면 어떻게 하면 좋을까? 바로 이때 필요한 것이 '팀워크'이다. '팀'이란 공동의 목적을 달성하기 위해 서로 다른 분야의 전문가들이 모인 그룹을 말한다. 팀워크는 팀원이 각자 맡은 분야에 집중하되 서로 조화와 균형을 이루면서 각 부분을 메워 나가는 활동이다. 팀워크는 시간을 초월하여 바로 성과를 창출할 수 있다. 하지만 팀에 참여하기 위해서는 관련 분야의 전문성이 구비되어야 한다.

고운기의 『신화리더십(2012)』에는 주몽을 소재로 한 물지게 리더십이 등장한다. 물지게는 신세대들에게 생소한 용어일 것이라 생각한다. 옛날에는 지금처럼 수도관이 없었던 시절이라 필요한 물을 동네 우물에서 물동이나 물지게로 날랐다.

물지게 리더십은 물길이 닿지 않던 달동네 꼭대기까지 양쪽 물통의 물을 한 방울도 흘리지 않고 나르던 물지게꾼의 전문성과 균형감각에 대해 말하고 있다. 내 걸음이 물지게를 지는 것이 아니라 물지게가 내 발걸음을 떼어 놓는다며 지혜와 힘의 조화를 강조하고 있다. 우리가 목표를 향해 갈 때에도 물지게를 지고 가며 물을 한 방울도 흘리지 않겠다는 집중력과 좌우 어느 것에도 치우치지 않도록 균형감각이 필요하다. 따라서 물지게가 우리에게 주는 교훈은 능숙함, 균형감각, 집중력이다.

필자는 인생 2막을 지식산업을 선택했고 교육서비스 분야에서 활동하고 있다. 퇴직 전 국방군수정책의 소요기획 분야 교수요원으로 활동했는데 이것이 사회교육활동의 도화선이 되었다. 함께 퇴직한 동기와 함께 사회교육을 하는 강사협회에서 활동했는데 거기서 동기가 다른 강사들에게 필자를 기획 전문가로 소개를 했다. 사실상 필자는 기획에 대한 전문가는 아니었다. 더욱이 소요기획의 강의 경험은 사회교육분야와는 거리가 먼 분야였다. 그래서 손사래를 쳤지만 어쩌다보니 전문가로 각인되어 버렸다.

어느 날 기획서 작성에 대한 20시간 프로그램 강의 요청이 들어왔다. 전 직장에서 담당했던 분야는 아니었지만 물릴 수가 없어서 기획서 작성에 대한 프로그램강의를 집중적으로 준비했다. 무사히 프로그램 진행을 마쳤지만 경험이 많지 않았던 터라 아쉬움이 많았던 기억이 있다.

기획력 향상에 대해 공부를 하다 보니 표현력이 향상되면서 00대학에 과목을 개설하여 강의한 적도 있고, 00평생교육원에서는 5년간 발표력향상을 위한 프레젠테이션 스킬 과정을 진행했다. 모 언론사에 리더십 칼럼도 정기적으로 내게 되었다. 기회 있을 때마다 정부나 지자체 공모사업에 제안서를 냈고, 제안서가 채택되면 여러 강사들과 팀을 짜서 출강도 했다.

요즘은 글 쓰는 일에 집중하고 있다. 처음은 자전적 에세이로 시작했다. 지금은 다양한 장르에 도전하고 있다. 기획전문가라는 하나의 사건을 계기로 도전을 하게 되었고 작은 목표들이 하나하나 달성되기 시작했다. 관련 분야를 집중적으로 넘나들며 집중하다보니 지금은 완전하지만 나름대로 교육서비스분야에 전문성을 키웠다는 자평을 해본다. 나비의 작은 날갯짓으로 태풍이 온다는 나비효과는 억지주장이 아님을 내 생활에서 발견할 수 있었다.

심리학자 앤더스 에릭슨의 저서 『일만 시간의 재발견』에서도 단순한 시간 투자가 아닌 진정한 노력의 중요성과 방법에 대해 말하고 있다. 성공은 제대로 된 방법으로 자신의 한계에 도전하는 시간만큼 빠르고 가깝게 다가온다. 처음엔 어렵고 힘들겠지만 한계를 극복할 때의 기쁨과 짜릿함은 마르지 않는 에너지가 된다고 강조했다.

가을의 서정인 장석주의 '대추 한 알'이라는 시(詩)를 소개하면서 마무리 짓고자 한다. 이 시는 대추가 붉게 익어가는 과정(성과를 내는 일)에서 겪은 수많은 고초들을 아름답게 표현하고 있다.

저게 저절로 붉어질 리는 없다.
저 안에 태풍 몇 개 저 안에 벼락 몇 개
저 안에 번개 몇 개가 들어 있어서 붉게 익히는 것일 게다.
저게 혼자서 둥글어질 리는 없다.
저 안에 무서리 내리는 몇 밤 저 안에 땡볕 두어 달
저 안에 초승달 몇 날이 들어서서 둥글게 만드는 것일 게다.
대추야 너는 세상과 통하였구나.

'대추 한 알'이라는 다소 작게 느껴질 수 있는 존재에 태풍과 천둥과 그리고 벼락까지 담아낸 시다. 대추가 가을이면 영글어 붉고 둥글어진다는 당연함에 '저게 저절로 붉어질 리 있을까? 저게 저 혼자 둥글어질 리 있을까?'하고 질문을 던진 순간, 특별한 이야기가 시작된다. 어쩌면 '그냥 살아왔다'고 생각할 수 있는 자신의 '삶' 역시 모든 것을 견디고, 세월의 축복을 받은 귀한 존재란 사실을 깨닫게 한다.

〈정리〉

아는 것과 잘하는 것은 근본적으로 다르다. 그것의 차이는 바로 1만 시간의 법칙을 통한 반복이다. 어떤 것을 성과로 이끌려면 1만 시간 즉 10년의 반복이 필요하다. 만약 1만 시간을 초월해서 성과를 달성하려면 어떻게 하면 좋을까? 그것은 바로 '팀워크'이다. 팀워크는 시간을 초월하여 바로 성과를 창출할 수 있다. 하지만 팀에 참여하기 위해서는 각자가 관련 분야의 전문성이 구비되어야 한다.

〈삶으로 떠나는 질문〉

1. 전문가가 되기 위한 방법에는 어떤 것들이 있는가?
2. 일만 시간의 법칙과 팀워크는 어떤 관계가 있는가?
3. 자신의 한계에 도전하여 성과를 이룬 사례는 어떤 것들이 있는가?

〈리더십 발휘를 위한 제언〉

1. 전문가가 되기 위해서는 그 분야에서 하루 3시간씩 10년의 반복이 필요하다.
2. 일만 시간보다 더 짧은 시간에 성과를 달성하려면 팀워크를 활용해야 한다.
3. 성과는 좋아함에서 나온다. 좋아하면 많이 하게 되고, 많이 하게 되면 잘하게 된다.

역경지수를 높이자

심리학에서는 인생의 힘들고 어려운 시기를 이겨내는 에너지를 '역경지수'라고 한다. 역경은 장벽이나 다름없다. 장벽이 서 있는 것은 가로막기 위함이 아니라 그것은 우리가 얼마나 간절히 원하는지 보여줄 기회를 주기 위해 거기 서 있는 것이다. 큰 장벽은 당신의 능력을 크게 보일 무대를 주고 작은 장벽은 당신의 능력을 작게 보일 무대를 준다. 당신은 어떤 무대에서 어떤 능력을 보여주고 싶은가? 장벽을 장벽으로 보기보다는 기회로 보면 장벽은 더 이상 거대해보이지 않는다. 그것을 뛰어넘을 때 환희도 있지만 우리 마음속에 튼튼한 근육으로 자리 잡는다. 인생의 자아실현을 위해서도 역경지수가 많은 영향력을 끼친다.

1986년 필자가 최전방에서 현역중대장으로 근무 중 겪었던 역경의 일화다. 중대원 120여 명을 인솔해서 주야 연속 100km 행군(24시간 소요)을 할 때다. 비가 내려 군화에 물이 차고, 옷은 젖어 질척거리고, 어깨에 메고 있는 군장은 비를 맞아 더욱 무거웠다. 12시간쯤 걸었을 때부터 발바닥에서 물집이 터져 피가 나고 통증이 심하게 왔다. 밤이 깊어지면서 빗발이 굵어지고 강풍까지 불어서 우리는 행군을 멈추고 인근 포상(지붕이 있는 포진지)에서 잠시 대기했다. 비가 좀 약해지자 행군을 계속해서 03시쯤 부대에 도착했다. 대원들의 이상 유무 확인과 개인정비를 시킨 후 취침상태가 되자 퇴근을 했다. 집에 와서 발바닥을 보니 피부가 들떠 있고 터진 물집에서는 피가 흘렀다. 발은 방바닥에 닿을 수 없을 정도로 통증이 심했다.

잠시 잠을 붙이려는데 06시경 당직사관에게 전화가 왔다. 통신병이 행군 중 대외비밀 한 건을 잃어버렸다는 보고였다. 급히 부대로 들어가기 위해 며칠 전 구입했던 오토바이 보관소로 갔더니 설상가상으로 밤새 누군가 오토바이를 훔쳐 가버리고 없었다. 오토바이를 도난당했다는 사실보다 빨리 귀대를 해야 된다는 절박함 때문에 인근에 사는 선임하사관의 오토바이를 빌려 타고 급히 부대로 갔다. 통신병에게 비밀문건 분실에 대한 경유를 물었더니 행군 중 잃어버린 사실을 알았지만 중대장님이 고통스럽게 행군하는 모습을 보니 차마 입이 떨어지지 않았다는 것이다. 어디에서 잃어버렸는지 잘 모르겠으나 포진지에서 휴식 중엔 있었다고 했다.

통신병을 안심시킨 후 혼자 오토바이를 타고 포진지 쪽으로 출발했다. 그런데 포진지 부근의 교량이 폭우로 인해 파손되어 오토바이로 이동이 불가했다. 그래서 그 지역을 우회하여 아픈 발로 산을 탔다. 너무 긴장되고 꼭 찾아야만 한다는 절박함 때문인지 발바닥 통증도 느끼지 못했다. 포진지에 도착해보니 풀숲에 잃어버린 비밀문건이 있었다. 그때의 짜릿한 희열은 지금도 생생한 기억으로 남아 있다. 부대에 연락을 취한 후 부대를 향해 발을 옮겼다. 그때서야 발바닥이 심하게 아프기 시작했다. 부대에 도착해서 통신병에게 '석 일병! 십년감수했지?' 걱정 말고 열심히 하라며 다독거려주었다. 통신병은 영창을 갈 줄 알았는데 용서를 받았다며 하염없이 눈물을 흘렸다. 행군 간 연속하여 발생한 역경들 즉 우천 중 100km 행군, 발바닥 부상상태로 계속 행군, 비밀문건 분실, 오토바이 분실, 교량절단, 발바닥 통증을 감수한 산악이동 등을 불굴의 투지로 극복했던 것이 내 삶에 꾸준히 영향을 주고 있는 것 같다. 지금까지의 내 삶을 돌이켜 보면, 어떤 문제에 직면 시 회복탄력성이 높은 편이다. 위기에 좌절하지 않고 용기와 투지를 가지고 해결해 낸다. '역지사지'와 '받아들임'도 내면화 되어 있어서 마음도 평안하고 주변인들과의 관계도 괜찮은 편이다.

우리의 삶은 크고 작은 시련과 역경의 연속이라 해도 과언이 아니다. 살아간다는 것은 수많은 도전과 어려움을 끊임없이 극복해나가는 과정이다. 행복한 일도 있지만 그보다는 힘든 일, 슬픈 일, 어려운 일, 가슴 아픈 일이 더 많다. 하루하루 살아가면서 겪게 되는 인간관계에서의 사소한 갈등, 작은 실수 혹은 짜증스러운 일 같은 자잘한 어려움도 우리가 극복해야 하는 시련 중 하나다.

우리는 인생의 모든 역경을 얼마든지 이겨낼 잠재적인 힘을 지니고 있다. 그러한 힘이 바로 '회복탄력성'이다. 인간은 역경을 견뎌낼 뿐만 아니라 역경을 통해서 오히려 성장하는 놀라운 힘을 지니고 있다. 이는 구부러질지언정 결코 부러지지 않는 회복탄력성 때문이다.

나무가 바람에 흔들리고 휘어지는 것은 왜 그럴까? 바로 부러지지 않기 위해서이다. 우리 역시 바람과 같은 시련이 올 때 흔들리기도 하고 휘기도 한다. 원래 나무든 사람이든 조금씩 흔들리며 성장하는 법이다.

개그맨 이경규가 오래전 "인생의 짐을 함부로 내려놓지 마라"라는 제목으로 강연을 해서 큰 반향을 일으킨 적이 있다. 그는 대학생들 앞에서 지리산 등반 때 일화를 소개했다. "지고 가는 배낭이 너무 무거워 벗어버리고 싶었지만 참았다고 했다. 정상에 올라가 배낭을 열어보니 먹을 것이 가득했다. 한눈에 들어오는 멋진 경치를 바라보며 먹는 간식은 최고였다"며 역경 극복이 주는 기쁨을 흥미진진하게 이야기했다.

인생도 이와 다를 바 없다. 짐 없이 사는 사람은 없다. 사람은 누구나 이 세상에 태어나서 저마다 힘든 짐을 감당하다가 저 세상으로 간다. 기쁨과 즐거움의 햇살이 비치는가 하면 어느 한쪽 슬픔과 아픔의 그늘이 드리워져 있는 게 우리네 인생이다. 다리가 휘청거리고 숨이 가쁘더라도 자신에게 주어진 짐이라면 지는 게 현명하다. 언젠가 짐을 풀 때가 되면 짐의 무게만큼 보람과 행복을 얻게 될 것이다.

서양의 격언에는 'no pain, no gain' 고통 없이는 얻는 것도 없다는 말이다. 우리의 사자성어에 '고진감래(苦盡甘來)' 즉 쓴 것이 다하면 단 것이 온다는 뜻으로 고생 끝에 즐거움이 옴을 이르는 말도 있다. 우리 앞에 고난이 다가올 땐 포기하거나 좌절하지 말고 인내해야 한다. 그래야 달콤한 결과물을 얻을 수 있다.

군대이야기를 하며 싸우는 사람들을 가끔 본다. 싸우는 이유는 '내가 더 고생했다'는 자랑 때문이다. 자신이 군 생활했던 곳의 추위 정도, 훈련 강도, 열악한 근무환경, 고참이나 상급자의 기질 등을 가지고 주로 대립한다. 그들은 왜 고생했다는 자랑을 할까? 그것은 고생했다는 자랑이 아니고 그런 것들을 모두 이겨냈다는 자랑이다.

신종코로나 바이러스 감염증 사태가 지구촌을 뒤흔들고 있다. 모두가 힘든 시기를 겪고 있다. 전 미국 국무장관이었던 헨리 키신저는 최근 인터뷰에서 다음과 같은 말을 했다. 이번 감염증 사태는 세계 질서와 문화를 영원히 바꿔놓을 것이다. 글로벌 무역과 자유로운 이동을 기반으로 번영하는 시대에서 시대착오적인 '성곽시대'가 되살아 날 수 있다고 했다.

과거 1·2차 세계대전의 재앙과 고통을 겪은 후 정치 경제 문화 등모든 분야에서 변화가 있었던 것과 맥을 같이 한다. 글로벌 시대의모든 나라는 서로 연결되어 있다. 이러한 연결이 차단되고 '성곽시대'같은 독자생존의 길로 접어든다면 우리나라는 심각한 사태에 직면할 수 있다.

손자병법에 선승이후구전(先勝以後求戰)이라는 말이 있다. 이겨놓고 싸운다는 말이다. 평소 적을 이길 수 있도록 준비를 철저히 해두어야 망하지 않고 살아남는다는 뜻이다. 우리나라는 외부로부터자원을 수입하고 그것을 다시 가공해서 수출로 먹고 사는 나라다.코로나 19 이후 발생할 수 있는 변화를 예측할 수 있어야 하고 능동적으로 대처해야만 고난을 극복할 수 있다.

우리는 역사적으로 주변 국가들의 이해관계 속에서 수많은 고통을 감수해야 했고 그때마다 잘 극복하면서 성장을 했다. 해방 이후 6·25전쟁을 겪었고, IMF 사태, 사스, 메르스, 돼지열병과 같은 감염의 어려움도 슬기롭게 잘 극복했다. 다른 나라에 비해 이러한 역경을 극복할 수 있는 근육이 잘 발달되어 있다. 작금의 코로나 19 역경도 세계역사에 잘 극복한 나라로 명명될 것이라 확신한다.

프랑스 소설가 발자크는 참다운 열정은 꽃과 같아서 그것이 피어난 땅이 메마른 곳일수록 한층 더 아름답다고 했다. 힘든 순간 다시 피워 낸 열정은 더 뜨겁고 더 아름다운 기적을 만들어 낼 것이다.

〈정리〉

우리의 삶은 크고 작은 시련과 역경의 연속이다. 살아간다는 것은 수많은 도전과 어려움을 끊임없이 극복해나가는 과정이다. 인간은 역경을 견뎌낼 뿐만 아니라 역경을 통해서 오히려 성장하는 놀라운 힘을 지니고 있다. 자아실현에서 지능지수의 영향은 20%에 지나지 않으며 오히려 감성지수(40%)와 역경지수(40%)에 좌우된다.

〈삶으로 떠나는 질문〉

1. 역경은 나에게 어떤 의미인가?
2. 역경을 견디고 성과를 이루었던 사례는 어떤 것이 있는가?
3. 회복탄력성이란 무엇일까? 회복탄력성을 높이려면 어떤 노력이 필요할까?

〈리더십 발휘를 위한 제언〉

1. 인생의 자아실현을 위해서는 역경지수가 많은 영향력을 끼친다.
2. 장벽을 장벽으로 보기보다는 기회로 보면 장벽은 더 이상 거대해보이지 않는다.
3. 살아간다는 것은 수많은 도전과 어려움을 끊임없이 극복해나가는 과정이다. 큰 장벽은 당신의 능력을 크게 보일 무대를 주고, 작은 장벽은 당신의 능력을 작게 보일 무대를 줄 것이다.

좋은 사람이란?

    좋은 사람이란 어떤 사람을 말할까? 보통 우리들은 나에게 잘해주면 좋은 사람, 그 반대이면 나쁜 사람이라고 말한다. 나에게 정신적으로 위로가 되는 사람, 궁색한 나에게 이익을 주는 사람, 희망이 되는 사람, 나를 지지해주고 응원해주는 사람, 칭찬해주는 사람, 우연한 기회에 힘을 실어 준 사람 등등 모두 나에게는 좋은 사람이다. 그러나 이런 좋은 사람도 이해관계에 따라 나쁜 사람이 될 수도 있다. 예를 들어 안중근은 우리나라 입장에서 보면 좋은 사람이고, 일본 사람 입장에서 보면 원수다. 결과적으로 나의 프레임에 따라 좋아 보이기도 하고 나쁘게 보이기도 한다. 이 책에서 필자가 말하는 좋은 사람은 우리들이 살아가는 데 선영이(선한 영향력을 끼치는 사람)를 말한다.

    우리 주변을 살펴보면 선영이가 많이 존재하고 있다. 이런 사람들과 관계를 맺고 함께 일하면 우리가 생활하는 공간이 배움터, 놀이터, 교량이 될 수 있다.

    이가성 회장은 홍콩의 갑부이자 1992년부터 20년간 〈포브스〉 선정 아시아 최고의 부자다. 재산이 30조이지만 검소한 생활을 하는 CEO로 유명하다, 매년 장학금만 3,000여억 원을 지급한다고 한다.

이가성 회장의 운전기사 이야기다. 그는 30년간 그의 차를 운전하다가 마침내 떠날 때가 되었다. 이가성 회장은 그동안 수고한 운전기사를 위로하고 노년을 편하게 보낼 수 있도록 200만 위엔(한화 3억 6천여만 원)을 수표로 건넸다. 그러나 운전기사는 필요 없다고 사양하며, 저도 2,000만 위엔(한화 36여억 원)은 모아놨더라고 했다. 이가성 회장은 기이하게 여기면서 "월급이 5~6천 위엔(한화 100여만 원)밖에 안 되는데 어떻게 그렇게 많은 돈을 저축해 놓았냐고 했다. 그러자 운전기사는 제가 운전할 때 회장님이 뒷자리에서 전화하는 것을 듣고 땅을 사실 때마다 저도 조금씩 사놓았고, 주식을 살 때 저도 약간씩 구입해 놓아 지금 자산이 36억여 원에 이르렀다고 했다. 앞에서 언급한 인장지덕 목장지패(人長之德 木長之敗)의 격언과 잘 어울리는 사례인 거 같다. 파리의 뒤를 따르면 변소주위만 돌아다닐 것이고, 꿀벌의 뒤를 따르면 꽃밭을 함께 노닐게 된다. 물은 어떤 그릇에 담느냐 따라 모양이 달라지지만 사람은 누구를 만나느냐에 따라 운명이 결정된다는 사실을 명심해야 한다.

이가성 회장의 어록에 육불합 칠불교(六不合 七不交)가 있다. 육불합(六不合)은 여섯 종류의 사람과는 동업하지 말라는 내용이다. 개인의 욕심이 너무 강한 사람, 사명감이 없는 사람, 인간미가 없는 사람, 부정적인 사람, 인생의 원칙이 없는 사람, 감사 할 줄 모르는 사람이다. 칠불교(七不交)는 일곱 종류의 사람과는 사귀지 말라는 말이다. 불효하는 놈, 각박하게 구는 사람, 시시콜콜 따지는 사람, 받기만 하고 주지 않는 사람, 아부를 잘 하는 사람 권력 앞에 원칙 없이 구는 자, 동정심이 없는 사람이다. 육불합 칠불교는 좋은 삶을 사는 데 이정표가 될 수 있다. 스스로가 칠불교(七不交)에 속하는 사람이 되지 않도록 노력하고 실천한다면 주위로부터 좋은 사람으로 평가를 받을 수 있을 것이다.

한편 소노 아야코는 그의 에세이 『좋은 사람이길 포기하면 편안해지지』에서 좋은 사람으로 평가받기보다 그냥 있는 그대로의 모습으로 살아가도 괜찮다고 했다. '좋은 사람'이라는 틀 속에 갇혀 까딱하면 남들 눈에만 흡족한 껍데기로 살기 쉬운 현실 속에서, 타인의 평가에 휘둘리지 않고 굳건히 나를 지켜내는 법과, 원망하지 않고 진정 편안한 관계로 가는 지혜를 전하고 있다. 멋진 사람, 좋은 사람으로 인정받는 것은 분명 삶의 활력소가 되지만, 좋은 사람으로 평가받으려다 비교당하기도 하고 속이 상하는 경우가 허다하다. 왜 우리는 이렇게 평가와 비교 속에서 허우적거리며, 좋게 보이려 안간힘을 쓰며 살까. 이에 대한 저자의 접근은 명쾌하다. 좋은 사람이길 포기하라고 말한다. 이는 결코 나쁜 사람이 되라는 뜻이 아니다. 사람으로 인한 스트레스에 시달린다면 일단 좋은 사람으로 평가받는 것에 얽매이지 않겠다는 의지에서 편안함이 시작된다는 메시지다. 저자는 사람으로부터 편안해지기 위해 타인에 대한 기대를 낮게 갖고, 있는 그대로 받아들이라고 조언한다.

'받아들임'은 상대를 이해하는 마음과 마음속에 품고 있는 그릇을 키워 나갈 때 가능하다. 결국 좋은 사람이길 포기하는 것이 편안해진다는 말은 역설적으로 보면 받아들임을 통해 좋은 사람이 되라는 말이기도 하다.

　결국 좋은 사람이란 선한 영향력을 주는 사람, 자기 삶에 주인이 되는 사람, 있는 그대로를 받아들이는 사람이며, 모두의 면면을 살펴보면 자기의 삶을 소중하고 가치 있게 사는 사람들이다.

〈정리〉

육불합 칠불교는 좋은 삶을 사는데 이정표가 될 수 있다. 스스로가 칠불교(七不交)에 속하는 사람이 되지 않도록 노력해야 한다. 사람을 보는 관점은 나의 프레임에 따라 좋아 보이기도 하고 나쁘게 보이기도 한다. 이 책에서 필자가 말하는 좋은 사람은 우리들이 살아가는 데 선영이(선한 영향력을 끼치는 사람)를 말한다.

〈삶으로 떠나는 질문〉

1. 당신은 어떤 사람을 좋은 사람이라고 생각하는가?
2. 주변에 선한 영향력을 끼친 사람들은 누구이며 어떤 사례인가?
3. 주변에 육불합 칠불교에 해당하는 사례는 어떤 것들이 있는가?

〈리더십 발휘를 위한 제언〉

1. 좋은 사람이란 선한 영향력을 끼치는 사람이다.
2. 좋은 사람과 관계를 맺고 함께 일하면 우리가 생활하는 공간이 배움터, 놀이터, 교량이 될 수 있다.
3. 사람을 대할 때 어떤 프레임을 갖느냐에 따라 그 사람이 좋아 보이기도 하고 나쁘게 보이기도 한다.

4 토양

인문학과 함께하는
리더십 탐방

필자는 30여 년 동안 공직생활을 한 후 인생 2막을 위해 평소 꿈꾸어 왔던 지식산업의 현장에 뛰어들었다. 필자가 대표로 있는 한국교육콘텐츠개발협회는 50여 명의 강사가 활동하는 공간이다. 리더십에 대한 콘텐츠와 프로그램을 개발하여 수요처에 제안도 하고, 강사를 파견하기도 하고, 강사를 양성하기도 한다. 이런 일을 하려면 책을 많이 읽어야 하고, 학습자들의 니즈와 트랜드를 파악해서 초광속시대의 변화 환경에 신속하게 대처해야 한다.

책을 읽는 사람은 남다르게 생각의 밭을 일굴 수 있고, 책을 읽지 않은 사람에 비해 생각의 근육이 훨씬 더 발달되어 있다. 한 분야의 책을 많이 읽다 보면 지식들이 걸러지면서 중첩되어 나타나는 부분이 있다. 그런 부분들이 산지식이다. 그런 지식들은 가치관 형성과 삶을 살아가는 데 지대한 영향을 미친다.

책 읽기의 최종 목적지는 책 쓰기이다. 책을 쓰게 되면 작가 스스로가 그 분야에 몰입되면서 전문성이 확보되고 그 내용이 마음속에 자리 잡게 된다. 내면화된 지식은 생활 속에서 그 책 내용대로 말하게 되고 행동하게 된다. 즉 저자 자신이 곧 콘텐츠가 되고 한 권의 책을 쓰고 싶다는 동기가 형성된다. 책 쓰기에 성공해 자신의 책을 출판한 사람은 삶이 주는 최고의 학위를 받는 것이라는 말도 있다. 책을 쓴다는 것은 그 분야의 전문성을 인정받는 중요한 요건이 된다.

7달

인문리더십

세상 사람들의 모든 활동이 곧 인문학이라는 말이 있다. 세상의 주체는 사람이고 사람에 관한 이야기가 인문학이기 때문이다. 인문학적 소양은 나와 타인을 이해하는 것에서 출발한다.

인문학적 소양은 함께 책을 읽고, 자신의 생각을 타인과 나누며, 다양한 체험활동을 통해 인문학적 스펙트럼을 넓혀가게 한다. 이러한 과정을 통해 생각의 힘을 키우고, 삶에 대한 성찰을 할 수 있다. 개인만을 생각하는 좁은 시야의 삶을 떠나, 인간을 이해하고 세상을 넓게 바라보는 시야를 갖게 한다.

책은 어떤 것을 선택해야 하는 중요한 상황에서 마음과 태도를 현명하게 바꾸어 준다. 지금까지의 인생에서 선택의 출발이 좋지 않았더라도 책 읽기를 통해서 우리들의 삶을 아름답게 바꿀 수 있다.

북세통
(book으로 세상과 통하다)

'사람은 책을 만들고 책은 사람을 만든다.'

'사람은 문제를 만들고 책은 문제를 해결한다.'

좋은 운동이 몸의 근육을 만들듯이 좋은 책은 생각의 근육을 만든다. 책 속에는 스스로 겪어보지 못한 경험들, 문제를 해결할 수 있는 놀라운 비밀, 삶에 대한 고급정보들이 들어 있다.

워런 버핏은 투자의 귀재로 불리는 미국의 기업인이자 투자가이다. 그의 비망록에는 다음과 같은 글이 있다. "당신의 인생을 가장 짧은 시간에 가장 위대하게 바꿔 줄 방법은 무엇인가? 만약 당신이 독서보다 더 좋은 방법을 알고 있다면 그 방법을 따르길 바란다. 그러나 인류가 현재까지 발견한 방법 가운데서 찾는다면 당신은 결코 독서보다 더 좋은 방법을 찾을 수 없을 것이다"라고 했다.

최근 필자는 '북세통(book으로 세상과 통하다)'라는 프로젝트를 진행하고 있다. '북세통'이란 전문강사(book-teller)가 한 권의 책 내용을 완전히 소화하여 그 내용을 작가의 입장에서 생생하게 전해주는 새로운 독서문화다. 2018년 10월 협회세미나에서 회원들이 매우 의미

있는 제안을 했다. 독서의 계절을 맞이하여 책과 관련된 재능기부를 하자는 것이었다. 여기서 결정된 것이 '책을 대신 읽어주는 일'과 '작은 도서관에 책을 기증하는 일'이었다. 1년 동안 지역사회에서 85회의 재능기부 특강(베스트셀러 읽어주기)과 작은 도서관에 12,500여 권의 책을 기증했다. 결과는 매우 성공적이었고 지금은 '북세통'이 빠른 속도로 확장되고 있다.

'북세통'은 북텔러가 한 권의 책을 1~2시간으로 정리해서 특강 형식으로 진행한다. 청중은 강연을 듣는 동안 자연스럽게 책 한 권을 읽는 효과를 체험할 수 있다. 줄거리나 메시지도 쉽게 이해할 수 있고, 작가가 말하고자 하는 의도도 충분히 알 수 있도록 검증된 북텔러가 진행한다.

책 속에는 많은 지혜가 담겨져 있다. 그러나 마음은 있지만 바빠서 읽지 못하는 경우가 많다. 이제 읽지 않아도 '북세통'을 통해 책한 권을 짧은 시간에 편리하게 들을 수 있다. 특히 북텔러의 감성, 영상, 이미지 등이 복합적으로 반영되어 전달되기 때문에 이해도와 공감도가 높게 나타난다. 또한 강의를 듣는 과정에서 "나도 저 책을 사서 읽고 싶다"는 도서 구매 욕구가 자극되고 독서를 해야겠다는 욕망도 싹트게 되어 생활친화적인 독서문화에 긍정적인 영향을 끼친다.

책은 읽는 목적에 따라 그 방식도 다르다. 한 권의 책을 강의할 목적이라면 그 책을 완전히 씹어 먹어야 한다. 잘 씹어야 소화력도 왕성하다. 필자가 '북세통'을 위해 책을 읽는 방식은 다음과 같다. 첫째, 책 표지 글과 머리말을 꼼꼼히 읽은 다음, 전체 내용을 듬성듬성 읽으면서 작가가 전달하고자 하는 핵심메시지와 보조메시지의 틀을 확인한다. 둘째, 정독을 하면서 중요한 부분에 모서리 접기와 밑줄 치기 같은 흔적을 남기고 유사 사례가 있으면 그 옆에 적어 놓는다. 셋째, 다시 정독을 하면서 추가로 발견된 중요 부분에 밑줄을 치고 밑줄 친 모든 부분을 타이핑한다. 넷째, 타이핑된 부분의 페이지를 열어 전후관계를 다시 확인한다. 이때쯤 되면 작가의 의도나 핵심메시지가 식별되면서 A4 5~7쪽으로 정리된다. 다섯째, 메시지와 키워드를 스토리 혹은 논리로 엮고 교훈을 도출한다. 마지막으로 정리된 키워드를 시각화가 용이하도록 파워포인트로 디자인하면서 슬라이드 노트를 작성한다.

책은 지혜로운 생각과 현명한 판단을 갖게 한다. 그래서 매일매일 직면하고 있는 선택의 문제 앞에서도 당당하게 설 수 있도록 도와준다. 또한 우리 인생에서 선택의 출발이 좋지 않았더라도 책 읽기를 통해서 삶을 의도하는 방향으로 바꿀 수도 있다. 여러분들도 감명 깊게 읽은 책 한 권을 강의할 수 있는 북텔러의 능력을 갖추어 보라. 촛불 한 개로 수천 개의 초에 불을 붙일 수 있다. 많은 사람들이 북텔러가 되어 빛을 나누어 주는 자가 된다면 이 세상은 한층 더 밝아지게 될 것이다.

책들은 서로 연결되어 있는 경우가 많다. 저자들도 누군가의 사상과 영향을 받아서 책을 쓰게 된다. 자꾸 읽다보면 반복적으로 걸러지는 부분들이 있다. 이것을 지식의 거름망이라고 이름을 붙여 보았다. 지식의 거름망은 처음에는 듬성듬성해서 지식이 자꾸 빠져나가 버리는데 책을 자꾸 읽다보면 서서히 촘촘해져 간다. 지적인 완성도가 높여지는 것이다.

숙련된 독서가와 초보 독서가의 뇌는 다르다고 한다. 초보 독서가의 뇌는 책을 읽을 때 뇌의 모든 기능이 작동된다. 왜냐하면 인지능력이 부족하기 때문에 그것을 독해하기 위해 다른 기능이 함께 동원되기 때문이다. 그러나 숙련된 독서가는 높은 인지능력으로 인해 뇌의 일부 기능만 활용해도 독해가 가능하기 때문에 시간과 자원이 많이 남는다. 따라서 독해에 급급한 것이 아니라 추론, 사유, 아이디어 창출, 시뮬레이션, 삶의 적용 등을 통해 생각하고 추론하고 분석하고 비판하는 사고를 기르게 한다. 한 분야의 책을 많이 읽게 되면 깊이 읽기가 가능해지고 그 분야에 숙련된 뇌로 변하게 된다. 그 분야에 숙련된 뇌가 되면 전문가적 사고를 갖게 되고 자신감도 생긴다.

〈정리〉

책은 지혜로운 생각과 현명한 판단을 갖게 한다. 그래서 매일매일 직면하고 있는 선택의 문제 앞에서도 당당하게 설 수 있도록 도와 준다. 책들은 서로 연결되어 있는 경우가 많다. 저자들도 누군가의 사상과 영향을 받아서 책을 쓰게 된다. 숙련된 독서가와 초보독서가의 뇌는 다르다. 책을 많이 읽게 되면 깊이 읽기가 가능해지고 그 분야에 숙련된 뇌로 변하게 된다.

〈삶으로 떠나는 질문〉

1. 숙련된 독서가의 뇌와 초보독서가의 뇌는 어떻게 다른가?
2. 숙련된 독서가가 되려면 어떤 노력이 필요한가?
3. 좋은 운동이 몸의 근육을 만든다. 좋은 책은 어떤 근육을 만드는가?

〈리더십 발휘를 위한 제언〉

1. 책을 많이 읽게 되면 생각의 근육이 발달되고 지혜로운 삶을 살 수 있다.
2. 책을 많이 읽으면 현명한 판단을 하게 되고, 선택의 문제에서도 당당해질 수 있다.
3. 책은 읽는 목적에 따라 읽는 방법도 다르다.

책 읽는 뇌의 경고

지금으로부터 10만 년 전, 지구에는 호모 사피엔스뿐만 아니라 네안데르탈인, 호모 에렉투스 등 최소 6종의 인간 종이 살고 있었다. 이후 호모 사피엔스 종만이 유일한 승자로 지구상에 살아남게 되었고, 이제 그들은 신의 영역까지 넘보고 있다.

유발 하라리의 베스트셀러 『사피엔스』는 호모 사피엔스라는 종이 네안데르탈인과 같은 경쟁자를 물리치고 어떻게 지구의 지배자가 될 수 있었는지를 역사적으로 다룬 책이다. 호모 사피엔스라는 종은 다른 종들과 달리 '상상력'이라는 인지능력을 발휘하여 거기에 의미와 가치를 부여했다는 것이다. 호모사피엔스만 이런 상상력을 발전시킬 수 있었던 것은 호모사피엔스가 커뮤니케이션 진행과정에서 '언어'라는 최첨단의 기술을 사용할 수 있었기 때문이다.

호모사피엔스의 커뮤니케이션 진화과정을 보면 신체접촉-몸짓-언어-미디어의 출현에 기인한다. 작금의 미디어는 지식과 정보의 유통에 지대한 영향을 끼치고 있으며 SNS 기기를 통해 짧은 시간에 편리하게 접속하여 지식과 정보를 손쉽게 얻을 수 있다.

매리언 울프는 베스트셀러 『다시 책으로』에서 최초 인간의 뇌 회로에는 읽기 능력이 없었다고 한다. 그런데 언어가 문자화되고 글을 읽고 이해하는 과정이 반복되면서 뇌에 새로운 읽기회로가 탄생했다는 것이다. 따라서 문해력은 호모사피엔스의 가장 중요한 후천적 성취 가운데 하나임을 강조하고 있다. 매리언 울프는 이 책에서 디지털 시대에 읽는 뇌의 위기를 핵심메시지로 다루고 있다. 쉴 새 없이 디지털 기기에 접속하며 '순간접속의 시대'를 살아가는 우리의 뇌가 인류의 가장 기적적인 발명품인 읽기(독서), 그중에서도 특히 '깊이 읽기' 능력을 영영 잃어버릴지도 모른다는 긴급한 경고를 하고 있다.

오늘날 미디어 기술이 읽기에 어떤 영향을 미치는지, 그것이 인류의 미래에 무엇을 의미하는지에 대한 깊이 있는 통찰을 제공하고 있다. 특히 '깊이 읽기'는 독자가 문장에 담긴 감정을 느낄 수 있게 해주고, 타인의 관점으로 옮겨가게 도와주며, 유추와 추론을 통해 비판적 사고를 가능하게 하는 역할을 한다. 하지만 쉴 새 없이 쏟아지는 디지털 세계의 엄청난 정보들은 새로움과 편리함을 가져다준 대신 주의집중과 깊이 있는 사고를 거두어갔다. 이런 식의 읽기는 연속적이거나 집중적인 읽기가 되지 못하고, 가벼운 오락거리에 그칠 뿐이라고 우려하고 있다.

매리언 울프가 주목하는 더 큰 문제는 디지털 매체로 읽으면 읽을수록 우리의 뇌 회로도 디지털 매체의 특징을 더 많이 반영하게 된다는 사실이다. 뇌의 가소성으로 인해 인쇄물을 읽을 때도 디지털 매체를 대하듯이 단어를 듬성듬성 건너뛰며 읽게 된다. 그러다 보면 깊이 읽기가 가져다주는 것들, 즉 비판적 사고와 반성, 공감과 이해, 개인적 성찰 같은 본성들도 잃어버리게 될 거라고 경고한다. 심지어 이러한 읽기 방식은 글쓰기에 대한 선호까지 바꾸어, 우리를 더 짧고 단순하며 건너뛰어도 무방한 문장에 길들어지도록 만들어버린다.

매리언 울프 자신도 디지털 기기에 적응되어 '초보자 수준의 읽는 뇌'로 회귀하는 것을 깨닫고는 읽기 회로를 되찾기 위한 실험을 시작한 이야기가 담겨 있다. 그는 어린 시절 큰 영향을 받았던 헤르만 헤세의 『유리알 유희』를 다시 읽으려 했지만, 디지털 읽기 방식에 익숙해진 자신의 뇌가 더 이상 길고 난해한 문장을 받아들이지 못한다는 사실에 충격을 받았음을 고백하고, 깊이 읽기 능력을 회복하기 위해 기울인 노력들에 대해 언급했다. 전문서적을 많이 읽고 상당한 지적 수준에 이른 독자라 해도 결코 깊이 읽기 회로가 지속되는 것이 아니라는 사실을 주목해야 할 대목이다.

디지털 세계에 아이들을 방치해 둔다면 읽기 회로가 사라질 위협에서 결코 벗어날 수 없다. 그리고 이로 인한 부작용으로 비판적 사고와 반성, 공감과 이해, 개인적 성찰 같은 본성들을 잃어버려 인성 형성에 심각한 부작용을 초래할지 모른다고 경고했다.

필자도 매리언 울프가 경험했던 것처럼 책을 읽을 때 필요한 부분만 듬성듬성 읽어가고 있음을 깨닫고 있다. 평소 업무에 필요한 지식과 정보는 많은 부분을 인터넷이나 스마트폰 기기에 의존해서 쉽게 해결됐기 때문에 깊이 읽기에 소홀했다.

최근 필자는 책을 읽고 전달해주는 북텔러(book-teller) 활동을 하고 있다. 이 활동을 하려면 한 권의 책을 여러 차례 정독해야 하는데 지루함이 엄습하고 듬성듬성 읽으려는 욕구 스멀스멀 올라온다. 디지털 기기에 익숙해져 버린 습관이 깊이 읽기의 뇌 회로를 도태시키고 있는 것이다. 북텔러는 책 한 권을 여러 회 정독하면서 요약하고 저자의 숨은 의도와 메시지를 도출해서 1~2시간의 특강을 해야 되는데 그러려면 반드시 깊이 읽기를 해야 한다. 당장은 깊이 읽기 회로가 안착되지 않겠지만 인내심을 가지고 깊이 읽기를 계속 반복하면 나의 읽기 회로도 강화될 것이다.

〈정리〉

디지털 시대에 '읽는 뇌'가 위기를 맞고 있다. 우리는 쉴 새 없이 디지털 기기에 접속하며 '순간접속의 시대'를 살아가고 있다. 우리의 뇌가 인류의 가장 기적적인 발명품인 읽기 회로, 그중에서도 특히 '깊이 읽기' 능력을 영영 잃어버릴지도 모른다. 이렇게 되면 비판적 사고와 반성, 공감과 이해, 개인적 성찰 같은 본성들을 잃어버려 인성 형성에 심각한 부작용을 초래할 수 있다.

〈삶으로 떠나는 질문〉

1. 깊이 읽기를 하게 되면 어떤 효과가 있는가?
2. 오늘날 미디어 기술이 읽기에 어떤 영향을 미치는가?
3. 디지털 기기에 적응되어 '초보자 수준의 읽는 뇌'로 회귀하게 되면 어떤 문제를 야기시키는가?

〈리더십 발휘를 위한 제언〉

1. 디지털 매체로 읽으면 읽을수록 우리의 뇌 회로도 디지털 매체의 특징을 반영하게 되어 깊이 읽기가 어렵게 된다.
2. 디지털 세계에 아이들을 방치한다면 읽기 회로가 사라지거나 읽는 뇌가 초보 수준으로 퇴보할 수 있다.
3. 깊이 읽기의 반복을 통해 '읽는 뇌'의 회로를 강화시켜야 한다.

인생노트 愛 빠지다

요즘 우리나라는 평생교육이 확대되고 여기에 참여하는 시민들이 증가하면서 지적인 성숙도가 높아져 가고 있다. 특히 근자에 와서는 책에 대한 관심도도 증가하면서 책 읽기와 책 쓰기 프로그램도 많이 개설되고 있다. 우리는 누구나 자신의 삶을 소중하게 여기지만 바쁜 일상에 쫓기다보면 삶의 소중함에 대해 잊고 사는 경우가 많다. 아무리 평범한 일상이라도 일기나 자서전과 같은 기록을 습관화하게 되면, 삶의 소중함을 깨닫게 되어 좀 더 신중하고 성숙한 삶을 사는 데 도움이 된다. 또한 삶의 기록을 통해 자신의 발자취를 되돌아보고 미래를 향해 정진하면 한층 더 좋은 삶을 살 수 있다.

스페인 작가 발타자르 그라시안(Baltasar gracian)은 "기록은 기억을 남긴다"는 명구를 남겼다. 이 문구를 반대로 뒤집으면 "기록되지 않은 기억은 불완전하다"는 의미를 내포한다. 기억을 기록하는 방법 중 좋은 방법이 일기쓰기다. 일기는 '내 인생의 문학작품'이다. 따라서 주인공도 바로 나다. 일기는 하루의 기억이지만 이것을 집대성하면 자서전이 된다.

요즘 주목받고 있는 분야가 '자전적 에세이'다. 다른 장르에 비해 형식과 내용면에서 자유롭고 접근하기도 쉽다. 자서전은 나 자신을 위한 것이라기보다 가족과 후대들을 위한 진정한 배려이기도 하다. 그들이 나를 거울삼아 더 이상의 시행착오 없이 나보다 더 의미 있고 가치 있는 삶을 살 수 있도록 안내할 수 있다.

자서전은 내 인생의 기록영화이고 단편영화다. 영화 같은 우리의 삶도 기록해 놓지 않으면 기억 속에서 사라져버린다. 설령 정신이 온전해서, 아니면 기억력이 좋아서 지난 일을 모두 기억할 수 있을지 몰라도 그것은 완전하지 못하다. 그러나 일기나 자서전 같은 형식으로 기록을 해 놓으면 삶에 대한 성찰이 되고, 관찰이 되고, 통찰이 된다. 그리고 이러한 내용을 자서전 형식으로 정리하여 후세에게 남겨 준다면 멋진 선물이 될 수 있다.

자서전의 구성은 먼저 나를 중심으로 가계도를 작성해서 가족의 관계를 설정한다. 전개 순서는 연대기나 생애주기별로 나열하는 것이 좋다. 주제는 대주제→중주제→소주제를 제시한 후 소주제를 구체적으로 다루면 자서전이 된다. 자서전은 1인칭이므로 모노드라마의 독백처럼 서술하면 예상외로 쉽게 풀어갈 수 있다. 육하원칙 또는 기승전결에 따라 전개하되, 소감이나 느낌처럼 주관적인 내용을 자신의 감정에 충실하여 상세하게 기술하면 된다. 나를 기록하는 것은 자신의 이야기를 쓰는 것이기 때문에 나보다 더 많이 알고 잘 쓸 수 있는 사람은 없다. 글쓰기의 기본적인 요소들을 익힌 뒤 연상과 추리력을 발휘해 지난 일들을 정리하다 보면 누구나 멋진 작가가 될 수 있다고 생각한다.

사람은 누구나 저마다의 소중한 삶과 사연을 지니고 있다. 누구나 가지고 있는 사연들을 모아서 일기나 자서전을 써 보자. 책을 낼 자격은 누구에게나 주어져 있고 능력도 가지고 있다. 다만 시도를 하지 않을 뿐이다.

많은 사람들이 지적인 허영심 때문에 책을 내려 한다. 그러나 허영심은 좋은 책을 만들어 내지 못한다. 통상 책을 좋아하고 많이 읽는 사람이 책을 낸다. 책을 많이 읽다보면 글쓰기 재료가 풍부해진다. 그러나 꼭 책을 많이 읽어야만 책을 내는 것은 아니다. 일상의 기록인 일기나 메모는 글쓰기에 좋은 재료가 된다. 특히 글과 이미지(추억 사진)를 적절히 혼합해서 쓰게 되면 쉽게 쓸 수 있다.

정기적으로 글을 쓰다보면 글쓰기 능력이 향상된다. 우리 뇌는 글쓰기에 대한 근육이 있어서 매일 훈련하면 강해지고 쓰지 않으면 약해진다. 필자는 모 언론사에 리더십 칼럼을 6년간 정기적으로 게재한 적이 있다. 정기적으로 내야 하는 칼럼이었기에 의무감과 책임감도 있었고 글쓰기 재료를 얻기 위해 책도 많이 읽었다. 콘텐츠를 정리하고 탈고과정을 거치면서 문장표현능력이 향상되었다.

2019년 한국출판문화진흥원에서 주최한 청소년독서캠프를 주관한 바가 있다. 독서에 관심 있는 청소년 120명을 2회로 나누어 8명의 멘토를 투입하여 숙박형으로 진행했다. 기대 이상으로 성과가 좋게 나타났다. 책을 매개로 한 '세상을 읽고 나를 쓰다'라는 주제로 1일 차는 '읽기', 2일 차는 '쓰기'로 진행했다.

1일 차 '읽기' 프로그램은 책 읽어주기 특강, 독서방법지도, 분임별 책 한 권 읽기(분임별 책 한 권을 나누어 주고 각자에게 책 목차를 분배하여 읽게 했다)로 진행했다. 각자 읽은 내용을 목차 순으로 발표하고 공유하는 방식으로 진행했는데 짧은 시간에 효과가 좋았다. 2일 차는 '쓰기' 프로그램으로 책 쓰기에 대한 저자 특강, 글쓰기 주제와 자료수집, 장르 구분 없이 글과 이미지를 활용하여 글을 쓰는 것이었다. 즉 참여자 모두가 출판에 참여한 것이다. 그리고 모두의 글이 포함된 『질풍노도』라는 책을 500권 출간하여 각자에게 나누어 주었다. 책을 택배로 받아 본 학생들은 책에 자기 이름이 있고 직접 쓴 글이 책에 있는 것을 보고 큰 기쁨과 성취감을 느꼈다.

책을 읽는다는 것은 책을 쓸 수 있는 능력도 갖추게 한다. 책을 읽는 것은 지식과 정보를 축적(In-put)하는 정적인 활동이다. 이는 단기기억으로 일정한 시간이 지나면 지워진다. 그러나 책 쓰기, 책 읽고 토론 및 발표하기는 동적인 활동(Out-put)으로 장기기억에 도움을 준다. 따라서 책을 많이 읽었는데 남는 게 없다면 글을 읽은 후 독후감 쓰기, 토론, 발표 등 동적인 활동이 없었기 때문이다. 이러한 동적인 활동은 핵심메시지를 내면화시키는 데 중요한 역할을 한다. 책을 읽는 것으로만 국한하지 말고 책을 써보는 노력을 한다면 우리의 인생도 달라질 것이다.

〈정리〉

"기록은 기억을 남긴다." 일기는 하루의 기억이지만 이것을 집대성하면 자서전이 된다. 삶의 기록을 통해 자신의 발자취를 되돌아보고 미래를 향해 정진하면 한층 더 좋은 삶을 살 수 있다. 책을 읽는다는 것은 책을 쓸 수 있는 능력도 갖추게 한다. 정기적으로 글을 쓰다보면 글쓰기 능력이 향상된다.

〈삶으로 떠나는 질문〉

1. 일기나 자서전을 쓰게 되면 어떤 유익이 있는가?
2. 어떤 내용을 장기기억으로 남게 하려면 어떤 활동이 필요한가?
3. 자서전의 구성은 어떤 형식을 갖추는가?

〈리더십 발휘를 위한 제언〉

1. 일기나 메모와 같은 기록을 통해 삶의 소중함을 깨닫게 되어 좀 더 신중하고 성숙한 삶을 사는 데 도움이 된다.
2. 일기와 같은 형식으로 기록을 해 놓으면 삶에 대한 성찰이 되고, 관찰이 되고, 통찰이 된다.
3. 책을 읽는 것은 정적인 활동으로 단기기억에 그치지만, 책을 쓰는 것은 동적인 활동으로 장기기억이 가능해진다.

내 인생에
가을이 오면

'내 인생에 가을이 오면'이라는 윤동주의 시가 있다. 시인은 내 인생에 가을이 오면 나는 나에게 물어볼 말이 있다고 했다. 그는 내 인생에 가을이 오면 열매를 얼마만큼 맺었느냐고 묻겠다고 했다. 그리고 그 물음에 대답하기 위해 지금 그는 내 마음의 밭에 좋은 생각의 씨를 뿌려 좋은 말과 행동의 열매를 부지런히 키우겠다고 했다. 우리가 제대로 살아가고 있는지 뒤돌아보게 하는 시다. 이 시를 묵상하면서 각 소절마다 시인이 전하는 메시지와 그 메시지를 어떻게 구현할까 생각해 보았다.

내 인생에 가을 오면
나는 나에게
사람들을 사랑했는지에 대해 물을 것입니다.
그때 나는 가벼운 마음으로 대답하기 위해
지금 많은 이들을 사랑해야겠습니다.

많은 이들을 사랑하려면 어떻게 하면 좋을까? 우선 나 자신을 사랑하는 데서 시작한다고 볼 수 있다. 이를 위해서는 바른 말, 바른 마음, 바른 행동을 습관화시키고, 자신의 외모관리, 건강관리, 고귀한 삶 추구 등을 해야 한다. 이것은 타인을 사랑하는 것보다 훨씬 앞서는 전제이다. 한편, 남을 사랑하려면 그 사람에 대한 부정성 프레임을 제거하고 그 사람의 입장이 되어보는 것이다. 그렇게 되면 상대에 대한 이해와 사랑이 싹트게 될 것이다.

내 인생에 가을 오면
나는 나에게
열심히 살았느냐고 물을 것입니다.
그때 자신 있게 말할 수 있도록
나는 지금 맞이하고 있는 하루하루를
최선을 다해 살겠습니다.

'열심히'라는 말은 어떤 일에 온 정성을 쏟아붓는 것을 말한다. 누구나 열심히 살았느냐고 물으면 대체로 '그렇다'라고 말할 것이다. 그 누구도 열심히 살고 싶지 않은 사람은 없다. 하지만 중요한 것은 '무엇을 위해 열심히 살았느냐'가 중요하다. 열심히 산다는 것은 그 삶이 기쁘고 의미가 있어야 한다. 삶이 기쁘다는 것은 두 가지 경우가 있는데 하고 싶은 것을 할 때와 다른 하나는 남에게 도움을 줄 때 기쁨을 느낀다. 그런데 기쁨만을 추구하면 삶이 공허해지고 의미만을 추구하면 삶이 힘들어지기 때문에 균형을 맞추는 노력이 필요하다.

내 인생에 가을 오면
나는 나에게
사람들에게 상처를 주지 않았느냐고 물을 것입니다.
그때 대답하기 위해 사람들에게 상처를 주는 말과
행동을 하지 말아야겠습니다.

상대에게 상처를 주지 않으려면 다름을 이해하고 인정해야 한다. 다름을 인정하려면 나 중심에서 상대 중심으로 무게 중심이 이동할 때 가능해진다. 그 사람 편에서 보면 그럴 수도 있겠구나! 하고 이해할 수 있다. 만약 다름을 인정하지 않는다면 오해와 갈등이 생기고 결국 상처를 주게 되는 경우가 생긴다. 상처는 주로 가까운 사람끼리 발생하는 경우가 많다. 서로가 허물이 없으면 함부로 대하기 쉽기 때문이다. 사랑이라는 이름으로 지나친 간섭과 요구를 할 때도 그것이 상처로 귀결될 수 있다.

내 인생에 가을 오면
나는 나에게
삶이 아름다웠냐고 물을 것입니다.
나는 그때 기쁘게 대답할 수 있도록
내 삶의 날들을 기쁨으로 아름답게 가꿔 나가겠습니다.

사람마다 아름다운 삶의 척도는 모두 다를 것이다. 젊을 때 다를 것이고 나이 들어서 다를 것이다. 중요한 것은 자기가 세운 척도가 남에게 인정과 칭찬을 받을 수 있어야 한다. 아름다운 삶을 누리려면 기본적으로 지덕체를 갖추어야 한다. 지덕체가 상호작용하면서 자신과 세상을 이롭게 하는 것이 바로 아름다운 삶이라고 할 수 있다. 그리고 나만의 행복이 아니라 남의 행복을 돕는 품격 있는 삶도 아름다운 삶이다.

내 인생에 가을이 오면
나는 나에게
어떤 열매를 얼마만큼 맺었냐고 물을 것입니다.
그때 나는 자랑스럽게 대답하기 위해
내 마음 밭에 좋은 생각의 씨를 뿌려놓아
좋은 말과 행동의 열매를 부지런히 키워 나가겠습니다.

좋은 생각은 좋은 말과 좋은 행동을 견인한다. 그렇다면 좋은 생각은 어디서 올까? 통찰력에서 온다. 내가 좋다고 다 좋은 것은 아니다. 사물의 한쪽 면만을 보는 편견을 버려야 한다. 사물의 사면 즉 총체적으로 보는 통찰이 필요하다. 고정관념으로 자리 잡은 지식과 정보에 연연하지 말고 사물의 전모를 보는 지혜를 키워야 한다.

필자도 절기상 인생의 가을에서 살고 있다. 결실을 맺는 추수의 기쁨을 만끽하고 싶고, 여러분들과 함께 황금빛 낙엽 가득한 가을

길을 오래도록 걷고 싶다. 그리고 오색찬란한 추억들을 정리해서 자서전을 만들어 사랑하는 이들에게 선물로 주고 싶다. 나의 인생기록이 모든 이들에게 베스트셀러가 되었으면 하는 바람으로 살고 있다. 필자는 자서전을 집필하는 과정에 많은 사람들이 동참하기를 바라면서 『내 인생의 자작나무』라는 책을 발간했다(정대용과 공저). 자서전을 준비하는 사람들에게는 좋은 길잡이가 될 것으로 생각한다.

나는 나에게 묻고 싶다. 내 인생에 가을이 오면 어떻게 살고 싶으냐고! 그래서 시인의 마음으로 내 인생의 가을을 사색해 본다.

내 인생에 가을이 오면
건강한 열매가 맺어지도록
말, 마음, 행동을 잘 가꾸고 싶다.
그래서 주변 사람들에게 오랫동안 좋은 향기를 뿌리며 살고 싶다.

내 인생의 가을이 오면
오색 단풍과 오미(쓴 신 짠 단 매운)가
함께 어우러져 멋진 풍광과 감칠맛 나는
삶을 만들어 내는 고귀한 삶을 살고 싶다

내 인생에 가을이 오면
나를 아껴 준 사랑하는 이들과 함께
도란도란 이야기를 나누면서
황금빛 가득한 그 길을 오래도록 걷고 싶다.

내 인생에 가을이 오면

불가마 같은 여름의 열정이 쉽게 식지 않도록

마음을 내려놓지 않을 것이며

다가오는 겨울이 춥지 않도록 거듭나는 삶을 살고 싶다

내 인생에 가을이 오면

사랑하는 조국 대한민국과 국민들에게

하늘이 나에게 준 달란트와 배움을 통해

좋은 생각과 가치를 나누며 살고 싶다.

내 인생에 가을이 오면

늘 푸른 나무일 거라는 내 마음에

오색 색감을 불어 넣어 잘 숙성시키고

아름다운 추억을 기록으로 정리하면서

내 인생의 멋진 자작나무로 살고 싶다

내 인생에 가을이 오면

바람이 불어 떨어지는 낙엽과

머지않아 찾아올지 모르는 모진 추위와

기약 없이 내 곁을 훌쩍 떠나갈 수 있는

지인들을 추억하며 외롭지 않게 살고 싶다

가을의 정취가 물씬 풍기는 이른 아침에 산책을 하다 문득 누군가에게 뒤돌아서서 걸으면 건강에 좋다는 이야기가 생각났다. 그래서 10여 분간을 뒤로 돌아 걸어보았다. 그런데 뒤를 보고 걸으면서 아주 특별한 것을 하나 발견했다. 뒤를 보고 걸으니 땅을 보게 되지 않고 머리가 들려지면서 시야가 훨씬 넓어졌다. 높고 청명한 가을 하늘과 주변 절경이 동시에 시야로 들어오니 느낌도 보이는 것만큼 컸다. 뒤로 걸으면 방향감각이 없을 줄 알았는데 2~3분 정도 걸으니 불편함이 없어졌고 앞을 보고 걷는 것이나 다름이 없었다. 통상 앞을 보고 걷다보면 머리가 숙여지기 쉽고 땅을 보며 걷기가 일쑤였다. 특히 무엇인가를 생각하며 걷다보면 우리의 시야는 더욱 땅에 떨어진다. 인생을 앞만 보고 살다보면 모든 사람이 나보다 앞서 있어서 좌절감을 느낄 수 있다. 가끔씩 뒤를 돌아보며 걷는다면 앞서가는 사람도 보이지 않아서 조급하지 않고 여유로움도 생긴다. 그래서 걷기운동을 할 땐 일부 구간을 뒤돌아 걸으며 좋은 점들을 만끽하고 있다.

대중가요에 '아모르 파티(amor fati)'라는 노래가 있다. 한때 큰 인기를 누리던 이 노래는 희로애락을 담은 인생 멜로디다.

"산다는 게 다 그런 거지, 누구나 빈손으로 와, 소설 같은 한 편의 얘기들을 세상에 뿌리며 살지, 자신에게 실망하지 마 모든 걸 잘할 순 없어, 오늘보다 더 나은 내일이면 돼, 인생은 지금이야, 인생이란 붓을 들고서 무엇을 그려야 할지 고민하고 방황하던 시간이 없다면 거짓말이지. 말해 뭐해 쏜 화살처럼 사랑도 지나갔지만, 그 추억들

눈이 부시면서도 슬펐던 행복이여."

이 노래는 삶에 지치고, 관계에 상처받고, 부조리한 세상에 고통받는 이들을 위로하면서도 신나는 멜로디를 통해 삶의 기쁨과 희망도 함께 선사하고 있다. 우리의 인생은 빈손으로 왔다가 눈부시면서도 슬픈 얘기들을 세상에 뿌리고 빈손으로 간다. 기쁨, 즐거움, 슬픔, 번뇌들로 엮인 운명의 사슬에서도 오늘보다 더 나은 내일을 개척하기 위해 인생이란 붓을 들고 어떤 그림을 그려야 할지 숙고하며 사는 것이 인생임을 노래하고 있다.

아모르 파티는 독일의 철학자 니체의 사상 중 하나로 '운명에 대한 사랑'이라는 라틴어이다. 고통, 상실, 좋음, 나쁜 것을 포함하여 자신의 삶에서 발생하는 모든 것이 운명이며 그 운명을 긍정하고 받아들이고 사랑하는 것이 인간 본래의 창조성을 키울 수 있다는 사상이다. 이 사상을 옹호하는 사람들은 자신의 운명을 거부하거나 체념하거나 굴복하는 것이 아니라 개척해 나가야 한다는 태도에 대해서 말하고 있다.

우리가 살아가고 있다는 것이 죽음 쪽에서 보면 죽어가고 있는 것이다. 죽음은 어느 때 나를 찾아올지 알 수 없는 일이다. 죽음이 언제 어디서 내 이름을 부를지라도 선뜻 털고 일어설 준비가 되어 있어야 한다. 영원한 것은 없다. 인생에도 가을이 오는 것처럼 언젠가는 자연으로 돌아가야 한다. 겨울이 다가오기 전에 우리의 삶을 다시 한번 뒤돌아보고 겨울을 보낼 수 있는 충분한 준비를 했으면 한다.

〈정리〉

인생을 앞만 보고 살다보면 모든 사람이 나보다 앞서 있어서 좌절감을 느낄 수 있다. 가끔씩 뒤를 돌아보며 내가 잘 살고 있는지 점검해보아야 한다. 영원한 것은 없다. 인생에도 가을이 오는 것처럼 추수를 하고 지난날을 반추해 보고 기록으로 정리해보자. 겨울이 다가오기 전에 우리의 삶을 다시 한번 뒤돌아보고 건강하고 따뜻한 겨울을 보낼 수 있는 준비를 해야 한다.

〈삶으로 떠나는 질문〉

1. 내 인생에 가을이 오면 어떤 것을 묻고 싶은가?
2. 당신의 인생에 가을이 오면 겨울을 위해 준비할 것은 무엇인가?
3. 오늘보다 더 나은 삶을 살려면 인생이란 붓을 들고 무엇을 그리고 싶은가?

〈리더십 발휘를 위한 제언〉

1. 내 생각, 익숙한 것, 기존의 것과 다르다는 이유로 처음부터 밀어내면 창조성을 키울 수 없다.
2. 고통, 상실, 좋음, 나쁜 것을 포함하여 자신의 삶에서 발생하는 모든 것이 운명이다. 운명을 긍정하고 받아들일 때 그 삶은 풍요로워진다.
3. 죽음을 인식하는 삶은 현재의 삶을 가치 있고 풍요롭게 한다.

8달

———

멈춤의 리더십

'멈춤'은 어떤 자극에 즉각적으로 반응을 보이지 않는 것이다. 직면한 상황에 쫓겨 즉각적으로 반응하다 보면 섣부른 결정을 내리게 되어 문제에 직면할 수 있다. 선택의 여지가 없을지라도 대안은 반드시 존재한다.

일을 할 때나 사람들과의 관계에서 감정을 교환하는 경우 '멈춤이 필요한 순간'들이 있다. 일을 멈추고 휴식을 가짐으로써 몸과 마음을 충전할 수 있고, 순간순간 갈등의 감정이 밀려올 때도 잠시 멈추면 새로운 지혜와 영감을 얻을 수 있다. 멈추면 보이지 않은 것이 보이기 시작한다. 그러나 유의해야 할 것은 쉼표가 마침표가 되면 안된다. 쉼은 충전이고 여유로움이다.

스피치에서도 멈춤 기법은 매우 중요한 역할을 한다. 강조하고자 하는 문구 앞에서 잠시 멈춘 후 메시지를 전하게 되면 집중도를 높여서 전달 효과를 배가시킨다.

2011년 1월 8일 미국 애리조나주에서 총기난사 사고가 있었다. 이 사고로 하원 의원이 중상을 입고 6명이 사망한 끔찍한 사건이었다. 美 오바마 대통령이 희생자를 추모하는 연설에서 9살 크리스티나의 죽음 이야기를 할 때 그는 무려 50여 초나 침묵했다. 유가족과 청중들의 아픔을 침묵이라는 수단으로 공감을 표한 것이다. 어찌 보면 멈춤이라고 하는 것도 최고의 커뮤니케이션이 될 수 있다.

2020년 초 전 국민이 신종코로나 19와 싸우고 있는 상황에서 우리 정부는 '잠시 멈춤'이라는 '사회적 거리두기' 운동을 전개하여 국민들에게 많은 공감을 얻었다. 대다수의 국민이 동참했기 때문이다. 단체 줄넘기를 할 때는 모두가 발을 맞춰 동시에 뛰어들어가야 한다. 한 사람이라도 어긋나면 줄에 걸린다. 모두가 참여해야 하는 상황에서는 한 사람이라도 반칙하게 되면 엄청난 사회적 비용을 치러야 한다.

멈춤 & 흐름

‘멈춤’의 단어 앞에는 ‘잠시’라는 단서가 있다. 멈추는 것은 흐름을 위해 잠시 정지하는 것이다. 그렇다면 왜 멈추는가? 잠시 멈춤은 ‘생각하다, 충전하다, 여유를 갖다, 준비하다, 방향을 찾다’ 등의 목적성을 갖고 있기 때문이다. 그래서 이를 위해 스스로 휴가나 휴식, 여행, 산책 등도 하지만 신호등과 같은 통제 장치도 있다.

우리가 살아가는 데 필요한 것이 기획이다. 기획은 환경의 흐름을 읽고 대처하기 위한 활동으로서 ‘생각’에서 출발한다. 기획이라는 한자를 보면, 企(기)는 ‘바랄 기’자로서 사람 인(人)과 그칠 지(止)의 합성어이다. ‘사람이 가다가 멈춰 섰다’와 ‘바란다’는 것은 어떤 관계가 있을까? 대부분의 대답은 생각하기 위해서라고 말한다. 다음은 劃(획)자를 살펴보자. 그림 화(畵) + 칼 刀(도)의 합성어이다. 상상의 그림을 모두 실행할 수는 없기 때문에 필요 없는 부분을 칼로 잘라내는 것이다. 따라서 좋은 기획이 되려면 잠시 멈춰서 생각하고 그 생각을 다시 정리하는 과정이 필요한 것이다.

잠시 멈춤의 통제장치인 신호등에 대해서 생각해보자. 신호등은 적색(정지), 청색(주행), 황색(잠시정지)로 되어 있다. 여기서 우리가 유념해야 할 신호가 정지인 적색과 황색이다. 우리 집 앞에는 2차선의 좁은 도로가 있다. 교차로가 아니어서 신호등의 변환시간도 짧다. 마트를 갈 때나 산책을 가기 위해서는 신호등을 건너야 한다. 도록 폭이 좁기 때문에 적색 표시를 무시하고 신속히 건너버리려는 욕구가 스멀스멀 올라오는 지역이다. 필자가 신호등 앞에 다다르면 거의 적색신호를 만난다. 청색으로 전환되는 시간을 기다리다 보면 조급해지는 마음이 앞선다. 그래서 무척 그 시간이 길게 느껴진다. 그러나 통상 1~2분만 기다리면 청색으로 바뀐다. 그 시간을 참지 못하고 신호를 어기는 경우를 많이 볼 수 있다. 특히 아이들보다 어른들이 더 신호를 지키지 않는 경우가 많다. 그것은 마음속에 잠시 멈춤이라는 '여유'가 없어서 발생된 것이고 이로 인해 파생되는 사회문제도 심각한 편이다. 필자는 보행하거나 운전을 할 때 적색 신호등 앞에서 습관적으로 하는 행동이 있다. 바로 복식호흡이다. 복식호흡을 하다보면 긴장완화, 집중, 폐활량 증가 등 유익한 것이 많다. 특히 신호등 때문에 지루하거나 조급해지지 않는다. 복식호흡이 습관화되면 건강유지에도 좋은 영향을 미친다.

유영(流泳)이란 흐르는 물에 몸을 띄우는 것이다. 유영의 리더십은 환경의 흐름을 읽고 그것에 대처하는 능력이다. 흐르는 물에 몸을 맡기면 보다 쉽게 앞으로 나아갈 수 있다. 그러나 흐름을 타기 전 잠시 멈추고 이 물결이 어디로 흐르는지 방향을 식별해야 한다. 밀려오는 물결을 맞서서 넘다보면 진행이 어렵고 보다 많은 자원과 시간이 소요된다. 그리고 힘든 나머지 포기할 수도 있다.

엘빈 토플러는 그의 저서 『富의 미래』에서 제1물결(농업혁명), 제 2물결(산업혁명)이 지나가고 마침내 제3물결(전자·정보 혁명)이 도래했다고 시대의 흐름을 제시했다. 그의 생각대로 우리는 지난 30여 년 동안 제3의 물결 속에서 살아왔다. 당시 이러한 트렌드를 먼저 파악하고 대응했던 리더들은 오늘날 역사 속에서 산 증인들이 되었다.

클라우스 슈밥은 그의 저서 『4차 산업혁명』에서 앞으로의 시대는 다양한 제품 및 서비스가 네트워크와 연결되는 초연결성과 사물이 지능화되는 초지능성이 특징을 보일 것이라고 했다. 인공지능과 정보통신기술이 3D 프린트, 무인운송수단, 로봇공학, 나노기술 등 여러 분야의 혁신적인 기술과 융합되면서 더 넓은 범위에 더 빠른 속도로 변화를 초래할 것으로 예상했다.

흐른다는 것은 현재에서 미래로 이동함을 의미한다. 현재에서 미래로 이동할 때 교량적인 역할을 하는 것이 '트렌드'이다. 즉 환경의 변화를 읽고 그 변화에 대응해야 한다는 의미이다.

필자는 제 4차 산업혁명이 진행되고 있는 과정에서 세 가지의 기획마인드를 제시하고자 한다. 그것은 3先 즉 '先見(선견), 先手(선수), 先占(선점)'이다. 先見(선견)은 거시환경(정치, 경제, 사회, 문화, 기술, 기후 등등)의 흐름을 경쟁관계에 있는 사람들보다 먼저 보는 것이다. 다음은 先手(선수)이다. 환경의 흐름을 먼저 읽어냈다면 경쟁자들보다 한 발 먼저 행동에 옮기는 것이다. 마지막으로 先占(선점)이다. 고객의 니즈를 파악하고 적절히 대응해서 경쟁자보다 시장을 먼저 장악하는 것이다. 이러한 과정들은 계획-실행-평가의 반복과정을 거치면서 환경 변화에 지속적으로 대응할 수 있어야 한다.

흐르는 물을 타다보면 여러 장애물을 만나게 된다. 이러한 장애물들은 물이 순탄하게 흐르도록 놔두지 않는다. 하지만 흐르는 시냇물은 아름다운 소리를 낸다. 왜 그럴까? 그것은 흐르는 물 바닥에 돌멩이가 있기 때문이다. 바닥에 있는 돌멩이는 물이 자연스럽게 흐르지 못하도록 잡아맨다. 이때 흐르는 물이 돌멩이를 스치면서 아름다운 소리를 내는 것이다. 또한 물의 진로에 벽이 있을 때도 소리가 나는데 그것은 물이 벽과 부딪히면서 굽이치기 때문이다. 여기서 돌멩이나 벽은 흐르는 물이 볼 때는 장애물이지만 이것 때문에 아름다운 소리를 낸다. 우리 인생도 들쑥날쑥한 장애물이 있을 때 아름다운 소리를 낼 수 있다. 아무 소리도 나지 않는 인생은 그 자체가 도전할 가치가 있는지 다시 생각해 보아야 한다. 장애물의 크기와 성공의 크기는 비례한다. 그래서 손님처럼 찾아오는 크고 작은 장애물들을 긍정적으로 맞이하는 자세가 필요하다. 정리하면, 빠르게 변화하는 시대적 상황에 적절히 대응하기 위해서는 미래 트렌드를 읽어내야 한다. 그리고 거기에 걸맞은 방향성을 가지고 흐름을 타야 한다.

〈정리〉

잠시 멈춤은 흐름을 위해 잠시 정지하는 것이다. 그렇다면 왜 멈추는가? '생각하다, 충전하다, 여유를 갖다, 준비하다, 방향을 찾다' 등의 목적성을 갖고 있기 때문이다. 흐르는 물에 몸을 맡기면 보다 쉽게 앞으로 나아갈 수 있다. 그러나 흐름을 타기 전에 이 물결이 어디로 흐르는지 방향은 알아야 한다. 그 과정에서 손님처럼 찾아오는 장애물들을 긍정적으로 맞이할 수 있는 자세가 무엇보다도 중요하다.

〈삶으로 떠나는 질문〉

1. 멈춤의 효과에는 어떤 것들이 있는가?
2. 현재에서 미래로 이동할 때 교량적인 역할을 하는 것은 무엇인가?
3. 흐름을 타다보면 필연적으로 맞이하는 것은 무엇인가? 그리고 그것을 어떻게 받아들여야 하는가?

〈리더십 발휘를 위한 제언〉

1. 언제나 흐름을 읽고 흐름을 타야 한다.
2. 밀려오는 물결을 넘다보면 진행이 어렵고 보다 많은 자원과 시간이 소요된다.
3. 장애물의 크기와 성공의 크기는 비례한다.
4. 선택의 여지가 없을지라도 대안은 반드시 존재한다. 잠시 멈추어 반응할 수 있는 힘을 키워라.

내 인생의 단편영화

연말이 되면 대화에 한두 번씩은 "한 해가 참 빠르게 지나간 것 같다"는 말이 나온다. 시간은 인생에 있어서 제일 중요하다. 많은 사람들은 시간을 투자해서 돈을 번다. 그런데 잘 살려면 돈을 들여 시간을 사야 한다. 그래야 행복하다. 우리가 1년을 살면서 당장 가질 수 없는 것이 두 가지가 있다. 바로 어제와 내일이다.

톨스토이의 단편집에 소개되어 있는 예화에 인생을 살아가는 데 가장 중요한 질문 세 가지가 있다. 세상에서 가장 중요한 시간은 언제인가? 세상에서 가장 중요한 사람은 누구인가? 세상에서 가장 중요한 일은 무엇인가? 이다. 이에 대한 답은 바로 '지금'이다. 이 예화에서는 "세상에서 제일 중요한 시간은 지금 이 시간, 세상에서 가장 중요한 사람은 지금 나와 함께 하고 있는 사람, 제일 중요한 일은 지금 하고 있는 일"이라고 했다. 지금 이 순간 하고 있는 일에 충실하고 당신 옆에 있는 사람에게 최선을 다하라는 말이다.

많은 사람들은 지나간 어제와 아직 오지도 않을 내일 때문에 소중한 시간을 허비하는 경우가 많다. 중요한 것은 현재 즉 오늘이다.

어제는 지나간 역사이고, 내일은 예측할 수 없는 미스테리다. 그래서 현재(present)를 선물(present)이라고 했는지 모른다. 더글라스 대프트 (前 코카콜라 CEO)는 그의 취임사에서 다음과 같은 연설을 했다.

"삶은 공중에 5개의 공을 돌리는 저글링게임과 같습니다. 5개의 공에 일, 가족, 건강, 친구, 자기 자신이라고 이름을 붙이고 공중에 돌려보십시오. 당신은 '일'이라는 공은 고무공이라는 것을 알게 될 겁니다. 떨어뜨려도 바로 튀어 오릅니다. 그러나 다른 4개의 공은 모두 유리로 만들어졌습니다. 하나라도 떨어뜨리면 손상이 되고, 흠집이 나고, 산산이 부서져 다시는 예전처럼 돌이킬 수가 없습니다. 중요한 것은 5개의 공을 공중에서 어떻게 균형을 유지하여 땅에 떨어지지 않게 하느냐 하는 것입니다. 이것이 삶이며 인생입니다. 나에게 가장 가까이 있는 것들…. 가족이나 친구들 당연한 것이라고 생각하지 마십시오. 당신의 삶에서 그들은 매우 소중한 것입니다. 그들이 없는 삶은 무의미합니다."

워라밸(Work & Life Balance)과 관련된 내용이다. 일에만 묻혀서 진짜 소중한 것들을 놓치는 우를 범하지 말라는 메시지다. 우리의 삶을 되돌아보면서 일과 삶의 균형을 맞추려는 노력을 해야 한다.

필자는 학창시절에 하고 싶고, 되고 싶은 몇 가지 직업 분야가 있었다. 하지만 바람과 달리 직업군인의 길을 걷게 되었다. 그리고 30년을 현역으로 복무했다. 군(軍)은 엄격한 규율, 책임과 의무, 복종, 통제, 안전, 사명감이 고도로 요구되는 일터다. 전국 각지를 옮겨 다니며 근무를 해야 했기 때문에 10번의 이사를 했고, 아이들은 수없이 전학을 했다. 집에서 쉴 때 전화벨이 울리면 "혹시 부대에 무슨 일이?" 긴장감 속에서 전화를 받곤 했다. 하지만 과거 군인의 삶에 대해 후회하지는 않는다. 지금 생각해 보니 직업군인의 삶은 나의 지적 정신적 육체적 성장을 거듭나게 했던 매우 중요한 시기였다.

인생을 책임감으로 살면 본인은 열심히 산다고 하지만 돌아보면 인생 전체가 허무하고 공허하게 느껴지기 쉽다. 그리고 겉으로는 훌륭해 보이지만 실제로는 희생을 하고 있다는 의미가 숨겨져 있다. 사명감일 수도 있지만 시간이 흐르면 결국 스트레스가 되고 인생 자체가 불행해진다.

필자는 인생 2막을 과거와는 다른 삶을 살고 있다. 모든 일을 스스로 선택하고 당당히 책임도 진다. 머슴 같은 삶이 아닌 주인으로 살고 있다. 의무감이나 책임감보다는 비전이라는 엔진을 달고 프리랜서로 일하고 있다.

우리는 살아가는 것이 아니라 죽어가는 것이다. 우리는 한 곳에서 태어나 한 곳으로 행진하고 있다. 천년만년 살 것이라고 생각하지 말고 자신이 언제쯤 죽음과 만날지에 대해 데드라인(Deadline)을 만든 후 다시 오늘을 생각해 보자. 오늘 하루는 어제 죽은 그 사람이 그토록 간절히 원했던 그 하루이기 때문이다.

무라카미 하루키는 『먼 북소리』에서 이렇게 말했다.

"나이를 먹는 것 자체는 그다지 겁나지 않았다. 나이를 먹는 것은 내 책임이 아니다. 그것은 어쩔 수 없는 일이다. 내가 두려웠던 것은 어떠한 시기에 달성되어야만 할 것이 달성되지 못한 채 그 시기가 지나가버리고 마는 것이다."

영국의 극작가 버나드 쇼는 그의 유언으로 "내 우물쭈물하다가 그렇게 될 줄 알았다"라는 글귀를 남겼다. 그리고 제자들에게 그 글귀를 자기의 묘비에 적으라고 했다. 그 유언은 지금도 그의 묘비에 적혀 있다. 그는 살아서도 유명했지만 그 묘비에 적힌 글 때문에 죽은 후에 훨씬 더 유명해졌다. 그 글이 리더십 교육현장에서 많이 활용되었기 때문이다. 계획한 것들을 달성하지 못하고 생을 마감해야 하는 아쉬움이 얼마나 컸으면 그러한 말을 남겼을까 생각이 든다.

1년 후는 안 보여도 10년 후는 보인다. 먼 미래일수록 자세히는 안 보이지만 큰 윤곽은 보인다. 1년 후, 3년 후를 예측하려면 10년 후를 머릿속에 그려본 후 몇 단계로 나누어 다시 생각해보라. 그럼 큰 미래 속의 작은 미래가 희미하게 그 모습을 드러낼 것이다. 10년 후를 생각하면서 내일과 오늘의 계획을 세우고 단계별 중간목표를 세우고 점진적으로 접근하면 최종 목표에 도달할 수 있다. 계속 삼진을 당하다가 어쩌다 홈런을 치는 것보다는 연타석 안타를 치는 게 성취감의 상승곡선을 유지하는 데 효과적이다.

우리가 계획을 세우는 이유는 미래에 대한 로드맵(Roadmap)을 만드는 것도 있지만 미래에 대한 불안감을 불식시키려 함도 있다. 우리는 자신의 미래를 확신할 수 없다. 그러나 미래를 스스로 직접 만들어 낼 수 있다는 믿음과 의지를 갖는다면 계획을 현실로 바꾸는 원동력이 생길 것이다.

누구에게나 주어진 시간의 길이는 같다. 하지만 시간 부자가 되려면 어떻게 하면 좋을까? 주어진 시간을 어떻게 쓸지 내가 결정할수록 시간부자가 될 수 있다. 예전에는 바쁘게 사는 것이 능력과 부의 척도였지만 요즘은 그렇지 않다. 돈은 많이 버는데 너무 정신없이 살았다면 별다른 추억이 없기 때문에 사실은 가난한 것이다. 내 맘대로 쓸 수 있는 시간이 없으면 마음 수명도 짧은 셈이다. 여가도 없고 업무시간도 재량권이 없이 계속 끌려다니기만 한다면 지치고 열정을 잃을 수밖에 없다. "삶의 가치는 그 기간에 있는 것이 아니라 그것을 어떻게 사용하느냐"에 달려 있다.

우리가 살고 있는 세상은 무대이며 사람들은 배우다. 입장하고 퇴장하면서 여러 역할을 연기하며 살아가고 있다. 인생을 영화로 만든다면 어떤 영화일 것 같은가, 흥미진진할 것 같은가? 아니면 지루하고 따분할 것 같은가? 오늘도 우리는 하루라는 단편영화를 찍고 있다. 여러분은 오늘 어떤 영화를 찍고 싶은가?

〈정리〉

많은 사람들은 시간을 투자해서 돈을 번다. 그런데 잘 살려면 돈을 들여 시간을 사야 한다. 누구에게나 주어진 시간의 길이는 같다. 하지만 시간 부자가 되려면 어떻게 하면 좋을까? 주어진 시간을 어떻게 쓸지 내가 결정할수록 시간부자가 될 수 있다. "삶의 가치는 그 기간에 있는 것이 아니라 그것을 어떻게 사용하느냐"에 달려 있다.

〈삶으로 떠나는 질문〉

1. "money rich, time poor"는 어떤 의미인가?
2. 우리가 1년을 살면서 당장 가질 수 없는 것 두 가지는 무엇인가?
3. 여러분의 인생을 영화로 만든다면 어떤 영화일 것 같은가? 좋은 영화를 만들려면 인생을 어떻게 재설계하면 좋을까?

〈리더십 발휘를 위한 제언〉

1. 1년 후, 3년 후를 예측하려면 10년 후를 머릿속에 그려보라.
2. 누구에게나 주어진 시간의 길이는 같다. 관건은 어떻게 활용하느냐이다.
3. 선택의 여지가 없을지라도 대안은 반드시 존재한다. 잠시 멈추어 반응할 수 있는 힘을 회복하라.
4. 자신의 생각에 대한 믿음이 지나칠 때 나만 옳다는 독선에 빠지지 말고 멈춰서 다른 관점에도 마음을 열라.

호박에서 배우는 지혜

김교복 시인은 '호박으로부터 배운다'라는 시를 써서 속도보다는 방향이 최선이라는 교훈을 심어 주었다.

생각 없이 가는 길이/ 얼마나 무서운가를/ 호박넝쿨로부터 배운다./
쉬운 길 간다고/ 전봇대 전선줄 잡고/ 올라간 호박 넝쿨,/
반달만큼 큰 호박 하나 달고/ 지금 떨고 있다./
바람이 불까!/ 소낙비 내릴까!

이 시 전체 맥락은 호박이 성장하는 좋은 봄날에 어떻게 든 빨리 가보겠다고 전봇대를 선점한 호박이 가을이 다가와 뒤를 돌아보니 스스로가 얼마나 잘못 간 길인지를 잘 표현하고 있다. 봄이 되면 근처 전봇대를 선점한 호박순은 다른 애들보다 빨리 승승장구한다. 다른 애들이 땅바닥을 기면서 아옹다옹할 때 이 애들은 하늘을 오르듯 솟아오른다. 거침없이 솟아오르던 이 운 좋은 녀석은 전봇대 꼭대기에 오르고 나서는 잠시 멈칫한다. 더 이상 오를 곳이 없기 때문이다. 어쩔 수 없이 이제는 전신주에 달린 전선줄을 타고 수평이동을 한다. 그래서 한여름이 되면 전봇대와 전신줄에는 푸른 호박잎과 호박들로 가득하다. 그런데 이상한 일이 벌어지기 시작한다. 전봇대를 선점한 덕택에 누구보다 잘 자랄 수 있었지만 그 때문에 커진 호박들이 전선줄에 대롱대롱 매달리는 위험한 일이 벌어졌다. 그리고 얼마 후 이 호박들은 자신의 무게를 지탱하지 못하고 툭 떨어져서 산산조각이 나고 만다. 그러나 땅 위를 기던 호박들은 하나같이 큼직하고 탐스러운 호박들을 든든한 땅 위에 만들어 내고 있다.

우리는 살면서 남다른 배경 있으면 누구보다 더 빨리 달릴 수 있고 하늘 높이 오를 수 있다. 하지만 이럴 때 우리가 잊어서는 안 될 것이 있다. 빨리 달리는 것 자체가 목표가 될 수 없다. 속도가 아니라 방향이 먼저이기 때문이다. 아무리 빨리 달려도 엉뚱한 곳으로 달린다면 목표와는 점점 멀어지게 된다. 잠시 멈춰서 올바른 방향으로 가고 있는지 점검해야 한다. '배 띄었을 때 노 저어라'라는 말도 있다. 기회가 왔을 때 확실히 잡으라는 말이다. 그러나 빨리 달리는 것만이 능사는 아니다. 우선 가는 방향이 맞는지 점검이 필요하다.

우리는 살면서 줄을 잘 잡아야 출세한다는 말을 종종 듣는다. 선거가 되면 줄을 어디에 대느냐에 따라 인생의 향배가 엇갈리는 경우도 있다. 줄로 인해 순간적으로 신분이 바뀌어 출세하는 사람도 있지만 줄을 잘못 잡아 한순간에 많은 것들을 잃기도 한다. 이러한 굴곡진 세상에 우리는 호박으로부터 지혜를 얻을 수 있다.

옛날 북아메리카 인디언들은 어릴 적부터 어디론가 급히 갈 때 반드시 한 번쯤은 멈춰 서서 주변을 돌아보는 훈련을 해왔다고 한다. 몸이 너무 빨리 달려가면 영혼이 따라오지 못하니 기다리는 것이라고 했지만 사실은 자신들이 가는 길이 제대로 된 방향으로 제대로 가고 있는지를 돌아보는 것이었다.

우리는 모두 너무 빨리 달리고 있다. 남보다 조금이라도 빨리 앞서려고 서로 앞다투어 목숨을 걸고 내달린다. 그러나 그 시작점을 잊고 자아를 잃어버리거나, 영혼을 놓친다면 우리는 그저 정신없이 돌아가는 팽이에 불과하다. 지금이라도 잠시 멈춰서 내 자신을 생각해보면 어떨까?

내가 잘 나가고 있다고 생각하면 자신 스스로를 경계해보아야 한다. 꽃 피는 봄날이 그렇듯이 잘 나가는 좋은 시절은 금방 지나간다. 하지만 지나고 보면 이 짧은 봄날에 많은 삶들이 엇갈리기도 한다. 잘나가는 시절을 어떻게 보냈느냐, 어느 쪽으로 방향을 정했느냐에 따라 많은 것이 달라진다. 누군가는 먼저 달리기부터 시작하고 누군가는 자기만의 방향을 찾은 후 기다가, 걷다가, 달린다. 지금 짧은 봄날이 가고 있다. 가을은 과연 누구의 손을 들어줄까?

〈정리〉

남다른 배경이 있으면 누구보다 더 빨리 달릴 수 있다. 그러나 빨리 달리는 것 자체가 목표가 될 수 없다. 속도가 아니라 방향이 먼저이기 때문이다. 아무리 빨리 달려도 엉뚱한 곳으로 달린다면 목표와는 점점 멀어지게 된다. 지금이라도 잠시 멈춰서 내 자신을 생각해 보자. 내가 잘 나가고 있다고 생각하면 자신 스스로를 경계해보아야 한다.

〈삶으로 떠나는 질문〉

1. 당신이 지금 가는 길은 올바른 방향을 향하고 있는가?
2. 내가 가는 길이 올바른 길인지 점검을 해보고 방향을 재설정했던 사례가 있다면 어떤 것인가?
3. 주변에 길을 잘못 들어 전신줄에 매달린 호박 같은 처지가 된 사례를 본 적이 있는가? 어떤 사례인가?

〈리더십 발휘를 위한 제언〉

1. 빨리 달리는 것 자체가 목표가 될 수 없다. 속도가 아니라 방향이 먼저다.
2. 내가 잘 나가고 있다고 생각하면 잠시 멈추고 스스로를 경계해보아야 한다.
3. 자신의 생각에 대한 믿음이 지나칠 때 나만 옳다는 독선에 빠지지 말고 멈춰서 다른 관점에도 마음을 열어보라.

놀이하는 인간,
호모 루덴스

아리스토텔레스의 『니코마스 윤리학』에서는 '잘 사는 삶'과 '좋은 삶'을 다음과 같이 구분하고 있다. '잘 사는 삶'이 경제적으로 넉넉한 삶이라면 '좋은 삶'은 명예로운 삶이라고 했다. 흔히 배부른 돼지와 배고픈 소크라테스에 비교하곤 하는데 아리스토텔레스는 둘 다 중요하다고 했다. 즉 잘사는 삶을 유지하되, 그 위에 의미의 탑을 쌓으라는 것이다.

요한 하위징아의 책 『호모 루덴스』에 놀이를 추구하는 인간은 명예를 추구하는 인간이라고 했다. 고대 세계와 중세시대에는 놀이를 통해 훼손된 명예를 회복하기도 했다. 인간은 어떤 경우에 명예를 찾게 될까? 이스터린의 역설처럼 소득이 높아진다고 만족도도 높아지는 것은 아니다. 과거 돈이면 다 해결되었던 문제가 이제 돈으로 해결할 수 없게 됐기 때문이다. 이제 우리는 돈으로 환산할 수 없는 다른 무언가 가치 있는 것을 가지고 그 결핍을 채워야 할 시점에 왔다.

하위징아는 '잘 사는 삶'을 지향하는 경제적인 활동 즉 노동과는 구별된 인간의 활동을 '놀이'라고 불렀다. 인간은 노동을 통해 경제적으로 넉넉한 삶을 추구하기도 하지만 동시에 노동으로는 환원될 수 없는 놀이를 추구하기도 한다. 노동과 놀이는 인간 활동의 두 날개와 같다, 삶을 살아가는데 있어서 모두 중요하다.

그런데 왜 우리는 놀이를 부정적으로 생각하는 것일까? 어린애들이 놀면 천진난만하다고 하고 성인들이 놀면 한심하다고 생각한다. 이런 이유로 "놀고 있네."라는 성인을 비하할 때 쓰는 말도 있다.

그렇다면 놀이에는 노동을 뛰어 넘는 어떤 의미가 숨어 있을까? 노동과 놀이는 매우 대조적이다. 노동은 주로 의무와 연결되며 강제적이다. 대신 노동은 경제적인 보상을 해준다. 놀이는 자발적이며 즐거움을 추구한다. 대신 경제적 손실을 감수해야 한다. 하위징아는 그의 책 『호모 루덴스』를 통해 노동에 가려져 격하된 놀이를 재평가하면서 모든 문화 현상의 기원을 놀이적 관점에서 고찰했다. 그리고 인간은 노동을 추구하는 호모 파베르임과 동시에 놀이를 추구하는 호모 루덴스임을 증명했다.

옛 동화에 개미와 베짱이가 등장하는 일화가 있다. 열심히 일만 하는 개미와 그를 지켜보며 노래하는 베짱이를 묘사한 것인데 과거 우리는 개미를 좋은 것으로, 베짱이를 나쁜 것으로 치부했다. 그러나 지금은 영화, 연극, 음악, 게임, 스포츠 등 문화콘텐츠산업이 발전하면서 효자 노릇을 톡톡히 하고 있다. 우리나라도 예외는 아니다. 한류열풍이 세계를 뒤흔들고 있고 벌어들이는 수입도 만만치 않다. 미국은 과거 〈쥬라기 공원〉이라는 영화 한 편이 미국 내 자동차산업보다 더 많은 수익을 창출했다고 했다. 『해리포터』라는 소설 한편은 우리의 삼성전자의 수입과 맞먹는다는 통계도 있다. 우리나라의 경우 BTS나 봉준호 감독도 세계를 움직이는 문화콘텐츠 산업의 대가들이다.

논어의 옹야편에 의하면 공자의 제자인 옹야가 공자에게 어떻게 하면 선생님처럼 훌륭한 사람이 될 수 있느냐고 물었다. 공자 왈 '知之者 不如 好之者, 好之者 不如 樂之者(지지자 불여 호지자, 호지자 불여 낙지자)'라고 했다. '아는 사람'은 '좋아하는 사람'보다 못하고, '좋아하는 사람'은 '즐기는 사람'보다 못하다는 말이다. 그리고 우리의 속담에는 기는 놈 위에 뛰는 놈, 뛰는 놈 위에 나는 놈, 나는 놈 위에는 노는 놈, 즉 樂之者(낙지자)가 제일이라는 속담도 있다.

'일하다'와 '놀다'의 관계도 재정립해야 되지 않을까라는 생각을 해본다. 베짱이는 일을 안 하는 것이 아니라 개미가 일을 잘 할 수 있도록 옆에서 열심히 노래를 불러주는 역할을 하고 있는 것으로 재해석할 수 있다. 직장에서 노동의 생산성을 높이기 위해서는 일을 잘할 수 있는 촉매제 즉 기업 차원의 놀이문화가 필요하다. 직원들의 놀이공간을 만들어 주어야 생산성을 높일 수 있다. 돈으로 해결할 수 없는 사회문제에 직면한 지금, 우리에게 필요한 건 돈으로 환산할 수 없는 가치인 놀이 즉 명예에 대한 섬세한 감각이 필요한 시점이라고 생각한다. 이윤만을 좇는 경제적 동물이 아니라 놀이와 명예를 지향하는 사람이 현대인에게 요구되는 최선의 치유책이라고 생각한다.

놀이는 몰입과 관계가 있다. 몰입이 되지 않은 놀이는 즐겁지 않다. 어릴 적 놀이터에서 술래잡기, 고무줄놀이, 말뚝박기, 구슬치기 등을 하며 뛰어놀 때를 기억하면 하루는 너무나 짧았다. 한여름에는 땀을 뻘뻘 흘리고 한겨울에는 손과 발이 꽁꽁 얼어붙어도 지칠 줄 몰랐다. 왜냐하면 우리들은 놀이를 통해 즐거움을 추구하는 것 외에는 다른 목적이 없었기 때문이다.

과거의 놀이는 주로 직접 참여하는 방식으로 이루어졌고 이를 통해 공동체 구성원 간에 강한 연대감이 자연스럽게 형성되었다. 옛날 소싯적 놀이는 몸으로 부대끼며 노는 게 최고였다. 그러나 우리는 성장하면서 점차적으로 몰입이 체감하는 과정을 겪게 되었다. 아이 때는 모든 것에 쉽게 몰입되지만 놀이터를 벗어난 순간 학교에 들어가고, 직장생활을 하고, 결혼을 하게 되면서 몰입하는 것이 점점 힘들어졌다. 왜냐하면 멀티태스킹(multi-tasking)을 하는 상황이 자주 발생하기 때문이다.

대중문화가 발전하고 이를 보여주는 텔레비전과 같은 대중매체가 늘어나면서 '놀이하는 사람'에서 '놀이 구경하는 사람'으로 점차 바뀌어 가고 있다. 1990년대 후반부터 일어나기 시작했던 디지털 혁명은 사회 전반의 놀이문화에 변화가 생겼다. 놀이 공간이 밖에서 점차 실내로 옮겨졌고 모여서 놀던 것이 '홈루덴스'라는 신조어가 생길 정도로 혼자서 놀아도 재미있게 시간을 보낼 수 있었다. 인터넷, 스마트폰, VR 등 멀티미디어 기기를 활용하고 시간 장소 불문하고 원하는 때 언제든지 놀 수 있게 된 것이다. 현실 공간에서 몸을 부대끼며 노는 것이 아니라 가상공간에서 연대를 맺게 되었다.

놀이가 건강을 해치거나 삶을 피폐하게 해서는 안 된다. 오늘날 아이들은 컴퓨터 게임 그 자체를 즐기고 있다고 착각하기 쉽다. 하지만 그것은 중독을 즐거움으로 잘못 알고 있을 수 있다. 알콜 중독자가 술을 즐긴다고 말할 수 없듯이 게임에 몰두해서 아무런 창조적인 역량도 발휘하지 못하고 그것 없으면 다른 놀이도 할 수 없다면 그것은 중독이다. 홈루덴스, 혼밥, 혼술, 혼캉스 최근 청년층에는 너무나 익숙한 단어이다. '우리, 모두, 함께'를 강조했던 과거의 공동체적인 삶에서 벗어나, 혼자서 대부분의 일을 해결하는 현대인의 모습을 보여주고 있다.

〈정리〉

세상에는 돈으로 환산할 수 있는 것과 환산할 수 없는 것이 있다. 보이는 것 대부분은 돈으로 그 가치가 매겨지지만 돈으로 환산할 수 없는 것이 있다. 그것은 바로 '명예와 놀이'이다. 경제적인 부와 행복은 꼭 일치하지 않는다. 삶에서 노동 못지 않게 중요한 것이 놀이다. 노동에 비해 격하된 놀이를 재평가해야 한다. 현대인의 삶을 제대로 조명하기 위해서는 노동과 놀이를 동시에 아우르는 관점이 필요하다.

〈삶으로 떠나는 질문〉

1. 잘사는 삶과 좋은 삶은 어떻게 구분할 수 있는가?
2. 놀이에는 노동을 뛰어넘는 어떤 의미가 있을까?
3. 홈루덴스가 공동체 의식에 미치는 부정적 영향은? 해결방법은?

〈리더십 발휘를 위한 제언〉

1. 우리 삶에서 노동과 놀이는 양날개와 같다. 균형있게 작동되어야 한다.
2. 노동의 생산성을 높이기 위해서는 일을 잘 할 수 있는 놀이문화가 필요하다.
3. 개인과 공동체와의 삶에서 적절한 균형 맞추기가 필요한 시점이다.

맺음말

리더에게는 어떤 자질이 필요할까? 다양성과 복잡성, 빠른 변화에 대응해야 하는 요즘 사회에는 요구되는 자질도 다양하다. 즉 상황과 여건에 따라 요구되는 리더의 자질도 다를 수 있다. 하지만 공통적으로 적용되고 가장 기본이 되는 자질이 있다. 그것은 바로 바른 말, 바른 마음, 바른 행동이다. 필자가 몇 가지 질문을 해보겠다.

①명심보감에서 가장 많이 등장하는 단어는 무엇인가?
②사람을 이롭게 하는 이것은 솜처럼 따뜻하다.
③사람을 상하게 하는 이것은 무엇인가?

토끼를 잡기 위해서는 토끼의 귀를 잡아야 하고,
고양이를 잡기 위해서는 고양이의 목덜미를 잡아야 한다.
그럼, 사람을 잡기 위해서는 사람의 어디를 잡아야 하는가?

以身敎者從, 以言敎者訟(이신교자종 이언교자송)은 무슨 뜻인가?
'몸으로 가르치니 따르고, 말로 가르치니 따지더라'는 뜻이다.

위 글에 제시한 세 가지 질문의 답처럼 필자가 생각하는 바람직한 리더의 자질은 말, 마음, 행동이 바른 사람이다. 이 세 가지 가치는 서로 연결되어 있다. 여기에서 중심은 마음이다. 마음이 바르면 바른 말과 행동이 나오기 때문이다. 하지만 말을 아무리 잘 해도, 마음속에 좋은 생각을 품고 있더라도 그것이 행동으로 이어지지 않으면 공염불이 된다. 세 가지가 온전히 작동해야 리더로서 빛을 발하게 된다.

지행합일(知行合一)이라는 말이 있다. 아는 것과 행동은 함께 가야 한다는 것이다. 배는 두 개의 노로 저어야 균형을 잡고 앞으로 나아갈 수 있다. 하나만 사용하면 그 자리에서 돌아버린다. 두 개의 노 중 하나는 지(知)요 다른 하나는 행(行)이다. 이들은 함께 움직여야 힘을 발휘할 수 있다.

우리는 세상을 살면서 많은 사람들과 관계를 맺으며 살고 있다. 필자는 이 책에서 '역지사지'에 대해 많이 다루었다. 역지사지의 조건은 '다름을 이해하고 차이를 인정하는 것'이다. 하지만 누군가 나를 이해해주길 절실히 바라보면서도 내가 정말 타인을 얼마나 이해하려고 노력했나 생각해 보면 좀 부끄러운 생각이 든다. 나를 먼저 알아야 타인에게 내가 어떻게 비춰지는지 알 수 있다. 또한 타인을 이해할 수 있어야 나 중심에서 상대 중심으로 무게 중심을 이동시킬 수 있다.

모든 것을 다 잘 할 수는 없다. 사람들마다 나름대로의 신의 한 수를 가지고 있다. 내가 더 잘해야 한다는 생각은 버려야 한다. 나만의 무엇을 찾고 그것을 나누고 팀에서 유감없이 역량을 발휘할 수 있어야 한다. 그래야 내가 발전하고 조직이 산다.

필자가 사회교육을 하면서 내건 모토는 '개인과 조직을 트랜드에 맞게 변화시키는 것'이다. 그리고 단서는 '내가 먼저 변화한다'이다. 스스로가 변화하면서 느꼈던 경험을 현장감 있게 전달해주어야 한다는 사명감으로 활동했다. 이 책을 발간하면서 혹시 필자가 스스로도 감당할 수 없는 주문과 강조는 하지 않았는지, 어렵고 전문적인 어휘를 사용하여 불편함을 주지는 않았는지 몇 번이고 검토했다. 아직 미력하지만 필자가 하고 있고, 할 수 있고, 앞으로 해야만 하는 것들을 과제 중심으로 풀어보았다.

구스타프 말러는 '음악에서 가장 중요한 것은 악보에 기록되어 있지 않다'고 했다. 보이는 것이 다가 아니다. 이 책에 쓰여 있는 글을 통해 또 다른 지혜를 발견하고 마음의 근육이 더욱 강화되는 계기가 되었으면 하는 바람이다.

부록

사통팔달 리더십 프로그램

〈사통팔달 리더십은 어떤 프로그램인가?〉

'사통팔달'은 막힘이 없이 통함을 의미한다. '4통'은 핵심메시지로서 편견이 아닌 사면을 동시에 꿰뚫어 볼 수 있는 통찰의 지혜와 동서남북(東西南北)의 사방위처럼 전체라는 뜻을 갖고 있다. '팔달'은 보조메시지로 핵심메시지인 사통을 구현하기 위한 리더십 역량들이다. 따라서 본 프로그램은 4개의 핵심메시지와 8개의 보조메시지로 구성되어 있다.

사통팔달에서 숫자를 빼면 '통달'이다. '통달'은 막힘이 없이 사물의 이치에 깊이 통한다는 의미이며 변화무쌍한 환경 속에서 발생할 수 있는 제 문제들을 막힘없이 뚫어 줄 수 있음을 의미한다.

목적

- 변화의 시대에 적응할 수 있는 사통팔달 리더십 역량 함양
- 개인과 조직을 변화시킴으로써 시대가 요구하는 인재상 확립

프로그램의 특징

- 다양한 활동과 사례들을 활용하여 생활 속에서 내면화되도록 구성
- 강사는 퍼실리테이터(facilitator)의 역할을 충실히 수행
- 사전 개인 진단을 통해 강약점을 도출하고 학습 시 참고하도록 조치
- 재미·성과·만족을 동시에 추구할 수 있도록 지도
- 텍스트, 이미지, 영상 등을 적절히 활용하여 전달기법의 극대화

구분	내용	구분	내용
1강	스피치 리더십 - 스피치 표현법 - 공감적 경청 'LISTEN' - 짧은 스피치 구사하기	5강	셀프리더십 - 마음의 근육 키우기 - 자기 통제력 키우기 - 시간선 여행. 목표관리
2강	대화 리더십 - 소통게임 한마당 - 대화의 흐름 유지하기 - 공감의 BMW법칙	6강	팔로우 리더십 - 전문가에 이르는 길 - 축구와 인생의 공통점 - 강점 확인 및 활용하기
3강	관계 리더십 - 관계의 출발. 자기존중 - 지피지기 백전백승 - 대인관계 꼴라쥬	7강	인문 리더십 - 책 읽는 뇌 회로 만들기 - 기록은 기억을 남긴다. - 인문학 산책
4강	수평 리더십 - 생각의 틀 바꾸기' - 함께 갑시다! - 사고의 유연성 게임	8강	멈춤 리더십 - 멈춤의 효과와 방법 - 내 인생의 단편영화 - 내 인생의 가을이 오면

※ 과제수행은 학습대상. 가용시간에 따라 융통성성 있게 조정 가능(2h. 4h. 8h. 14h)
※ 학습 진행 : 강의(4) : 참여(6). 특강은 강사가 주도적으로 진행

- 현업에서 소통능력과 자기 주도성을 강화시킨다.
- 자기 통제력을 강화시켜 난관을 슬기롭게 극복하게 한다.
- 긍정성 강화를 통해 세상을 바라보는 방식을 새롭게 한다.
- 인문학 탐방을 통해 문해력과 삶의 질을 향상시킨다.

〈4통8달 리더십 진단지〉

각 문항에 대한 답변을 아래 범례에 따라 적어주세요!

매우 그렇다	그렇다	보통이다	그렇지 않다	매우 그렇지 않다
5	4	3	2	1

예)	1	새롭고 불확실한 상황에 현명하게 대처하는가?		4	

	리더십 덕목 진단 문항	A	B	C	D	계
1	나는 말을 들을 때 상대의 입장에서 듣는다.					
2	나는 말을 할 때 상대의 눈을 맞추고 말한다.					
3	나는 대화 시 배려화법을 알고 잘 사용한다.					
4	나는 의사소통 시 상대에 대한 배려와 존중이 강하다.					1
5	나는 대화 상대의 약점보다 강점을 주로 말한다.					
6	나는 대화 시 대화의 흐름이 잘 유지하게 한다.					
7	나는 짧은 스피치도 논리를 갖추어 말하는 편이다.					
8	나는 남녀의 특성을 이해하며 맞춤형 대화를 한다.					2
9	나는 관계의 출발은 자기존중에서 시작된다고 본다.					
10	나는 타인을 볼 때 편견이나 고정관념을 배제한다.					
11	나는 효심이 강하고 이를 실천한다.					
12	나는 이권이 보여도 가식적인 언사는 금한다.					3
13	나는 관리형 리더보다 실무형 리더를 더 중시한다.					
14	나는 세상을 긍정적으로 바라보는 편이다.					
15	나는 화가 나면 일단 상대 입장에서 생각해 본다.					
16	나는 '다름'이 있기에 세상이 발전된다고 본다.					4

리더십 덕목 진단 문항	A	B	C	D	계
17	나는 나의 삶을 주도하며 살고 있다.					
18	나는 사소한 문제라도 즉시 차단한다.					
19	나는 '도전'과 '실행'을 실천하는 편이다.					
20	나는 스스로 선택한 것은 후회보다 책임을 진다.					5
21	나는 공동체에서 리더를 잘 보좌하는 편이다.					
22	나는 팀워크가 필요할 때 주도적으로 참여한다.					
23	나는 때때로 선한 영향력을 행사하여 본보기가 된다.					
24	나는 내 앞에 놓인 장애물을 기회라고 생각한다.					6
25	나는 평균보다 책을 더 많이 읽는 편에 속한다.					
26	나는 인문학 강의 듣는 것을 좋아한다.					
27	나는 글쓰기를 좋아한다.					
28	나는 금전적인 삶보다 명예나 놀이에 집중한다.					7
29	나는 트랜드를 읽고 거기에 대비하는 편이다.					
30	나는 말을 할 때 멈춤 기법을 사용할 줄 안다.					
31	나는 장애물 크기는 성공의 크기에 비례한다고 본다.					
32	나는 자극에 즉각 반응하지 않고 잠시 생각한다.					8
합계(각 열, 각 대각선에 기재한 숫자의 합)	1+2	3+4	5+6	7+8	총계

〈나의 리더십 역량을 알아보자〉

먼저 총점을 중심으로 나의 수준을 가늠해 보고 어느 분야가 높고 낮은지 진단 후 나름대로의 대응전략을 생각해 보자.

진단결과 정리

A	B	C	D	1	2	3	4	5	6	7	8	총계

4通의 점수가 의미하는 것은?

A : 나의 의사소통 역량(1通)   B : 나의 대인관계역량을 점검(2通)

C : 나의 주도성 역량(3通)   D : 나의 인문학적 소양((4通)

▶ 기준 : 35~40점(탁월), 30~34(우수), 25~29점(보통), 24점 이하(저조)

8達의 점수가 의미하는 것은?

1. 스피치 리더십   2. 대화리더십   3. 관계리더십   4. 수평리더십

5. 셀프리더십   6. 팔로우리더십   7. 멈춤 리더십   8. 인문리더십

▶ 기준 : 18~20점(탁월), 15~17점(우수), 12~14점(보통) 11점 이하(저조)

4통8達의 점수가 의미하는 것은?

▶ 기준 : 35~40점(탁월), 30~34(우수), 25~29점(보통), 24점 이하(저조)

인성리더십 교육 프로그램

인성교육의 목적은 '자신의 내면을 바르고 건전하게 가꾸고 타인·공동체·자연과 더불어 살아가는 데 필요한 인간다운 성품과 역량을 기르는 것'으로 규정하였다. 핵심가치·덕목으로는 예, 효, 정직, 책임, 존중, 배려, 소통, 협동 등 8개요소를 선정하여 구현토록 하였다(인성교육진흥법, 2015.7.21.).

프로그램 개발 주안

— 3대 핵심영역과 8대가치 구현

▶ 8대가치 : 예, 효, 정직, 책임, 존중, 배려, 소통, 협동

‒ 개발 전략 : 감성과 강성을 조화롭게 구성

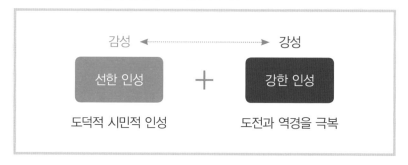

‒ 시험적용 시 사전·사후 설문을 통해 교육효과 검증

교육방법

‒ 이론(3) : 참여(7) 방식 적용

‒ 팀 학습으로 진행, 선의의 경쟁의식 유도

‒ 기본 생활습관이 올바르게 형성될 수 있도록 지도

‒ 의식의 내면화를 위한 체험활동과 연계하여 지도

‒ 스스로 판단하고 스스로 행동하도록 지도

‒ 개인의 성취감을 심어 주어 성과가 극대화되도록 유도

시간	모듈	세부내용	인성덕목
09:00~09:45	M1. 마음열기	아이스브레이킹, 팀 빌딩, 진단	협력, 소통, 존중
09:55~10:40	M2. 긍정감성 키우기	– 마인드 세트(1마일의 기적)	용기, 존중
10:50~11:35		– 타인이 보는 나, 내가 보는 나	
11:45~12:30	M3. 대인관계	공감, 존중, 체험을 통해 타인 이해	존중, 소통, 정직, 효
12:30~13:30	중식		
13:30~14:15	M4. 강점혁명	나의 강점 스토리, 강점카드놀이	소통, 용기, 협력
14:25~15:10	M6. 내 인생의 나침반	나이 특성 탐색과 미래설계하기	소통, 책임
15:20~16:05	M7. 너 나 우리	개인+타인+공동체 조화를 위한 팀 빌딩	공통

〈인성리더십의 8대 핵심덕목·가치 진단〉

각 문항에 대한 답변을 아래 범례에 따라 적어주세요!

매우 그렇다	그렇다	보통이다	그렇지 않다	매우 그렇지 않다
5	4	3	2	1

예)	1	새롭고 불확실한 상황에 현명하게 대처하는가?	4	

	인성의 덕목 진단 문항	I	O	C
1	상대방의 말을 들을 때 집중해서 듣는 편이다.		■	
2	상대방과 대화 시 상대의 입장이 되어 생각해 보는 편이다.	■		
3	가정·학교·공동체의 규칙을 잘 알고 행동하며 모르면 질문한다.			■
4	도전을 좋아하며 실패해도 다시 일어날 수 있는 의지가 강하다.	■		
5	친구가 옳지 못한 일을 제의하면 타협하지 않는다.		■	
6	소속단체가 난관에 직면 시 이를 해결하기 위해 강한 의지력을 발휘한다.			■
7	임무 수행시 자신에 대한 역할과 의무를 알고 책임감 있게 수행한다.		■	
8	임무수행 시 솔선수범을 통해 다른 사람의 본보기가 되려고 한다.			■
9	자신이 속한 공동체의 역할과 의무를 알고 헌신적으로 수행한다.		■	
10	상대의 감정에 공감을 잘 표시하는 편이다.			■
11	타인에 대해 나와 동등한 존엄성을 지닌 존재라고 인식한다.		■	
12	밝은 분위기 조성을 위해 솔선수범하고 배려하는 편이다.			■
13	임무 수행 시구성원들의 힘과 능력이 발휘되도록 돕는다.		■	
14	다른 사람과의 갈등을 조절하고 해결하며 원만한 관계를 유지한다.			■
15	공동의 선을 창출하기 위해 단체의 뜻과 활동에 적극 참여한다.		■	
16	사람들을 만나면 먼저 인사를 하는 편이다.	■		
17	나의 행동이 타인에게 불편함을 주지 않는지 생각하고 절제한다.	■		

	인성의 덕목 진단 문항	I	O	C
18	공동체가 정한 규칙을 잘 지키고 질서를 유지한다.	■	■	
19	남을 속이거나 거짓된 행동을 하지 않는다.		■	■
20	타인이 뇌물성 선물을 준다면 거절하겠다.	■		■
21	불합리한 사항을 발견하면 알리고 규정을 준수토록 독려하겠다.			■
22	'효'가 어떤 것인지 잘 알고 있으며 실천하는 편이다.		■	
23	다른 사람에게 효의 중요성을 알리고 스스로 본보기가 되겠다.	■		
24	국가에 대한 충성. 선생님 은혜 보답. 부모 모시기를 잘하는 편이다.			
합계(각 열에 기재한 숫자의 합)		①	②	③

〈나의 인성 리더십 역량을 알아보자〉

먼저 총점을 중심으로 나의 수준을 가늠해 보고 어느 분야가 높고 낮은지 진단 후 나름대로의 대응전략을 생각해 보자.

진단결과 정리

개인	타인	공동체	소통	용기	책임	존중	협력	예절	정직	효

열의 합

①개인 역량 ② 타인과의 관계 ③ 공동체와의 관계

▶ 기준 : 35~40점(탁월), 30~34(우수), 25~29점(보통), 24점 이하(저조)

대각선의 합

위에서부터 소통, 용기, 책임, 존중, 협력, 예절, 정직, 효 순(順)이다.

▶ 기준: 14~15점(탁월), 12~13점(우수), 9~11점(보통) 8점 이하(저조)

내 인생노트 자작나무

기획의도

- 지난날의 소중한 추억을 반추하고 기록으로 정리하려는 노년들에게 훌륭한 자산이 될 수 있도록 한다.
- 생의 커다란 전환점이 되는 계기들을 중심으로 정리해 나가면서 우리 삶이 얼마나 소중한지를 저절로 깨닫게 한다.
- 자서전을 자녀들에게 제공하여 나의 자녀들에게 미래의 방향성을 제시하고, 위기를 극복할 아이디어와 용기를 얻게 함으로써 행복의 진정한 의미를 깨닫게 한다.

추진방향

- 자서전 쓰기에 대한 명확한 목표 인식 및 실천의지 고양을 위해 동기부여를 강화한다.
- 주제도서를 읽게 하고 저자를 본 과정에 직접 참여시킨다.
- 참여자 중심의 '함께 쓰기 모임'으로 발전시켜 인문 공동체로서 주체의식과 자긍심을 갖도록 유도한다.
- 글쓰기 전문강사를 투입하여 신뢰성을 제고시키고, 보조강사를 활용하여 학습자들의 편의를 제공한다,
- 소중한 자신의 인생을 체계적으로 정리하여 가족, 친지, 지인들에게 선물(유산)로 제공할 기회를 갖게 한다.

- 주제 : 나를 읽고 나를 쓰다
- 참여 대상 : 50세 이상
- 참여 기간 : 10주 (주 2회, 회당 2시간)
- 주제도서 : 내 인생의 자작나무(정대용, 서상윤 저)
- 진행방법 : 자료수집, 개념강의, 토의, 쓰기, 피드백, 편집
- 자서전 쓰기 : 교재에 자필기록으로 완성, 워드작업 가능

프로그램 진행

구분	내용
진행 개요	소개, 기록의 중요성, 자서전 작성 개요, 문장표현기법
가족의 계보	가계도, 가족/친척/지인과 추억 사진, 자기소개, 인생기록
출생과 유년기 (7세 이하)	나의 출생/부모/가족/이름 이야기, 고향, 성격과 행동, 지금도 기억하는 일들, 기억에 남는 사람들
질풍노도의 시기 (8~20세)	초등학교/중학교/고등학교 시절의 추억 이야기, 입학과 졸업, 사춘기, 은사님, 친구들, 나의 변화, 꿈, 입시
꿈과 도전의 시기 (21~30세)	대학, 취업, 군대, 여행, 사회 이슈, 도전, 연애, 상견례, 결혼과 신혼, 직장, 실수와 교훈, 존경하는 인물, 성취와 보람
열정과 희망의 시기 (31~40세)	자녀 사랑, 행복한 추억, 아픔, 노력과 성취, 목표, 변화와 반전, 직 장생활, 가족 구성과 생활의 변화, 감사, 영광
일과 보람의 시기 (41~50세)	자녀의 성장과 교육, 걱정, 염려, 자랑, 추억, 약속, 성공, 업적, 인간관계, 소망, 나의 변화, 관심사, 후회, 건강
열매와 성숙의 시기 (51~60세)	자녀의 졸업/결혼/사회진출/결혼식/신혼, 재미와 보람, 잘할 수 있는 것, 유산, 조언, 환원, 용서, 감사, 건강, 꿈
또 다른 삶의 시작 (60~)	새로운 인생설계, 지키고 싶은 신념과 가치, 인생 즐기기, 이웃과 마을, 동반자, 나눔, 건강관리, 미리 쓰는 유언장

- 소중한 자신의 인생을 체계적으로 정리하고 지난날을 반추할 수 있는 기회를 갖도록 한다.
- 자신이 직접 작성한 글, 사진, 영상 등 기록을 통해 가족들과 소통할 수 있는 기회를 부여한다.
- 생의 전환점이 되는 계기들을 중심으로 정리해 가는 과정에서 삶의 소중함을 인식하게 한다.
- 자서전을 통해 자녀들에게 미래의 방향성을 제시하고, 위기를 극복할 수 있는 용기와 행복의 진정한 의미를 깨닫는데 도움이 되게 한다.
- 참여자의 인문학적 소양과 자긍심을 고취시키고 삶의 질 향상에 기여한다.

인문독서 아카데미

〈북세통(book으로 세상과 통하다)〉

북세통이란 전문 북텔러(book-teller)가 한 권의 책 내용을 완전히 소화하여 그 내용과 느낌을 생생하게 전달해주는 새로운 독서문화이다.

기획의도

- 책 속에는 많은 지혜가 담겨 있다. 그래서 읽고 싶은 마음은 있지만 바빠서 읽지 못하는 경우가 많다. 읽지 않아도 짧은 시간에 편리하게 들을 수 있는 환경을 구축해서 독서 욕구를 해소시킨다.
- 독서를 통해 인문 공동체로서의 자긍심을 고취시키고, 도서 구매 및 독서 증진 효과를 드높임으로써 생활친화적인 독서문화 정착에 기여한다.

추진방향

- 북텔러(book-teller)가 책 한 권을 정리해서 특강으로 진행하고 강의 후 토의를 통해 공감과 내면화를 유도한다.
- 작가의 의도가 훼손되지 않도록 유의하고, 줄거리나 메시지를 쉽게 이해할 수 있도록 시청각 재료를 적극 활용한다.
- 모두가 공감하는 베스트셀러 중심의 도서를 선정하여 신뢰감이 형성되도록 한다.
- 필요시 단일 주제를 선정하고, 주제와 관련된 도서를 다양하게 접근하여 전문성을 확장시킨다. (별지, 예문 참조)

- 주제 : 북세통 사업 내 명서 50권 상시 출강 가능
  ▶ 필요도서가 있을 시 수요처에서 제시 가능(준비소요 : 1개월)
- 참여 대상 : 도서관, 학교, 공공기관, 기업, 단체 등
- 참여 기간 : 15주(주 1회, 회당 2시간)
- 진행방법 : 북텔러(book-teller)의 특강과 참여자의 공감활동으로 진행

기대 효과

- 짧은 시간(2h)에 한 권의 책을 읽는 효과를 체험할 수 있다.
- 줄거리나 메시지를 쉽게 이해할 수 있고 작가의 의도도 충분히 전달할 수 있다.
- 도서 구매 욕구를 증진시키고 생활친화적인 독서문화 정착에 기여할 수 있다.

〈소북(book) 소복(小福) '작은 도서관에서 소소한 행복을 찾다'〉

기획 의도

- 행복에 대한 기원과 역사적 고찰을 통해 행복에 대한 진화 과정을 이해한다.
- 행복은 긍정 정서만이 아니다. 고통이 행복을 견인하는 경우도 많다. 따라서 행복에 대한 긍정정서와 부정정서의 균형 잡힌 시각을 통해 행복에 대한 진정한 의미를 깨달을 수 있도록 한다.

추진방향

- 행복에 관한 도서(15권)를 선정하여 전문 북텔러(book-teller)에 의한 도서특강과 공감활동 형식으로 진행한다.
- 행복에 대한 다양한 접근을 통해 인식의 폭을 확대시킨다.
- 참여자 중심의 '함께 읽기 모임'으로 발전시켜 인문 공동체로서 주체의식과 자긍심을 갖도록 유도한다.

관련도서 운용계획

- 관련 도서 : 15종 선택
- 1부 : 행복은 어떻게 진화해 왔는가?(행복의 기원 외 2종)
- 2부 : 긍정감성은 행복정서를 강화시킨다.(굿 라이프 외 3종)
- 3부 : 부정감성은 행복을 견인하다.(신경 끄기의 기술 외 3종)
- 4부 : 행복과 불행은 상호 연결되어 있다.(행복 예습 외 3종)

프로그램 운용 개요

- 운용기간 : 15주(주 1회, 2시간)
- 장소/강사료 : 수요처와 협의
- 대상 : 일반인
- 진행방법 : 강의(60분), 공감활동(40분)

기대효과

- 행복에 대한 감성을 이해하고 일상에서 소소한 행복을 찾게 한다.
- 참여자의 인문학적 소양과 자긍심을 고취시키고 삶의 질 향상에 기여한다.
- 인문공동체로서의 역할을 강화시킨다.

참고 문헌

- M-Kiss, 국군 온라인 학습 자료
- 굿모닝충청, 「서상윤, 리더십 칼럼」
- daum, 「백과사전」
- 국가기록원, 「사과나무 일기」, 2014
- 하지헌, 「통쾌한 비즈니스 소통법」, 2014.5.1(M-Kiss)
- 네이버 블로그, 노진화의 문화콘텐츠 & 브랜드스토리마케팅 [엄마의 셀프 리더십]
- CEO 세심록(학습영상, mp4)
- 린다 새퍼딘, 「두려운 마음 버리기」, 2014
- 스티븐 코비, 「성공하는 사람들의 7가지 습관」 103p, 2003
- 최형만, 「북세통」, 2015
- 문병선, 〈명언. 일화대사전〉, 1993
- 김윤나, 「말그릇」, 2018
- 법륜, 「행복」, 2019
- 매리언 울프, 「다시 책으로」, 2019
- 네이버 블로그 소리자바, 「대화의 흐름을 끊기게 하는 맥커터 유형」, 2016.11.22
- 김봉진, 「책 잘 읽는 방법」, 2018
- 최인철, 「프레임」, 2007
- 박재호, 「말은 적게 하고 생각은 많이 하라」, 2008
- 김미숙, 「나는 오늘도 가면을 쓰고 산다」, 2016
- 브레네 브라운, 「마음 가면」, 2016
- 김영민, 「기획 특강」, 2010
- 마크 맨슨 「신경 끄기의 기술」, 2017
- 제레미 도노반 「TED 프레젠테이션」, 2012
- 노명우 「호모 루덴스, 놀이하는 인간을 꿈꾸다」, 2011

리더십 특강을 위한 32가지 메시지

사통팔달 리더십

초판 1쇄   2020년 05월 15일

지은이   서상윤
발행인   김재홍
디자인   이근택
교정 · 교열   김진섭
마케팅   이연실

발행처   도서출판 지식공감
등록번호   제2019-000164호
주소   서울틀별시 영등포구 경인로82길 3-4 센터플러스 1117호 (문래동1가)
전화   02-3141-2700
팩스   02-322-3089
홈페이지   www.bookdaum.com
이메일   bookon@daum.net

가격   13,500원
ISBN   979-11-5622-500-3 03190

CIP제어번호   CIP2020016417
이 도서의 국립중앙도서관 출판예정도서목록(CIP)은 서지정보유통지원시스템 홈페이지(http://seoji. nl.go.kr)와 국가자료공동목록시스템(http://www.nl.go.kr/kolisnet)에서 이용하실 수 있습니다.